A vida que vivemos

Patti Davis

A vida que vivemos

Tradução
Lizandra Magon de Almeida

LAROUSSE

Título original: *The lives our mothers leave us*
Copyright © Patti Davis, 2009
Copyright © Larousse do Brasil, 2009
Publicação autorizada por Hay House, UK.

Todos os direitos reservados

Nenhuma parte deste livro pode ser reproduzida sob quaisquer meios existentes sem autorização por escrito dos editores.

Edição brasileira

Publisher	Janice Florido
Edição	Isney Savoy
Assistência editorial	Soraya Leme
Preparação de textos	Fátima de Carvalho
Revisão	Walter Sagardoy
Coordenação de Arte	Thaís Ometto
Diagramação	Linea Editora Ltda.
Produção gráfica	Maykow Rafaini

Dados Internacionais de Catalogação na Publicação (CIP)
(Câmara Brasileira do Livro, SP, Brasil)

Davis, Patti
  A vida que vivemos / Patti Davis ; tradução Lizandra Magon de Almeida. -- São Paulo : Larousse do Brasil, 2009.

  Título original: The lives our mothers leave us
  ISBN 978-85-7635-549-6

  1. Celebridades - Estados Unidos 2. Mães - Estados Unidos 3. Mães e filhas - Estados Unidos 4. Pais de celebridades - Estados Unidos I. Título.

09-05522   CDD-306.874

Índices para catálogo sistemático

1. Estados Unidos : Mães e filhas : Relações familiares   306.874

1ª edição brasileira: 2009
Direitos de edição em língua portuguesa, para o Brasil, adquiridos por
Larousse do Brasil Participações Ltda.

Av. Profa. Ida Kolb, 551 - 3º andar - São Paulo - SP - CEP 02518-000
Tel.: 55 11 3855-2290 / Fax: 55 11 3855-2280
E-mail: info@larousse.com.br
www.larousse.com.br

"O que os pais nos deixam são suas vidas."

Frank Bidart, em
Lament for the Makers

Sumário

Introdução 9

CAPÍTULO 1 ♦ Patti Davis 11
CAPÍTULO 2 ♦ Carolyn See 22
CAPÍTULO 3 ♦ Melissa Gilbert 30
CAPÍTULO 4 ♦ Anna Quindlen 40
CAPÍTULO 5 ♦ Rosanna Arquette 45
CAPÍTULO 6 ♦ Mary Kay Place 54
CAPÍTULO 7 ♦ Faye Wattleton 64
CAPÍTULO 8 ♦ Lily Tomlin 76
CAPÍTULO 9 ♦ Carnie Wilson 85
CAPÍTULO 10 ♦ Mariel Hemingway 94
CAPÍTULO 11 ♦ Candice Bergen 103
CAPÍTULO 12 ♦ Marg Helgenberger 111
CAPÍTULO 13 ♦ Lorna Luft 121
CAPÍTULO 14 ♦ Linda Bloodworth Thomason 131
CAPÍTULO 15 ♦ Anjelica Huston 142

CAPÍTULO 16 ♦	Ruby Dee	153
CAPÍTULO 17 ♦	Julianna Margulies	162
CAPÍTULO 18 ♦	Diahann Carroll	173
CAPÍTULO 19 ♦	Marianne Williamson	182
CAPÍTULO 20 ♦	Whoopi Goldberg	191
CAPÍTULO 21 ♦	Cokie Roberts	199
CAPÍTULO 22 ♦	Anne Rice	209
CAPÍTULO 23 ♦	Alice Hoffman	219
CAPÍTULO 24 ♦	Kathy Smith	229

Agradecimentos 239

Introdução

Em algum momento perto dos 40 anos, a maioria de nós percebe que nossas mães vivem dentro de nós e sempre viverão. Não é por acaso que todas as mulheres cujas histórias são contadas neste livro têm aproximadamente essa idade — foi basicamente minha única regra para convidá-las a participar. Talvez seja algum tipo de ritmo biológico; talvez seja hormonal; talvez seja apenas um momento na vida em que paramos um tempo suficiente para dizer: "Ok, agora estou entendendo". Quem sabe? Mas 40 anos parece ser um ponto fundamental para compreender quão abrangente é a relação entre mãe e filha.

Mesmo que nossas mães tenham partido, elas nunca saem *de nós*. Se buscarmos nossas paisagens interiores, vamos encontrá-las — às vezes gravadas delicadamente como uma marca d'água, às vezes tão profundamente quanto um baixo relevo. Nossas mães estão atrás de nós no espelho, seguem nossos passos, dão tapinhas em nossas costas. Se você examinar o interior de qualquer mulher, descobrirá o que a mãe dela pensava sobre a filha.

As mulheres retratadas neste livro são todas conhecidas por suas realizações, sua arte, suas trajetórias brilhantes. Mesmo assim, quando falam sobre as mães, são simplesmente filhas. Cada história é única e pessoal, mas todas são baseadas na consciência de quão ligadas estamos aos corações de nossas mães — ao ritmo das batidas que definiu inicialmente nossas vidas quando flutuávamos dentro do corpo delas.

Algumas mulheres já perceberam que a morte não encerra o relacionamento. Outras presenciam a passagem do tempo nos olhos de suas mães, nos movimentos que são mais lentos, nos ombros hoje não tão eretos quanto já foram.

Aquelas de nós deste lado se perguntam quanto tempo nos resta. Mas então lembramos a nós mesmas que já sabemos a resposta — nos resta a eternidade.

Patti Davis

Publicou seu primeiro romance em 1982. É autora de sete livros, de ficção e não-ficção. Seus livros mais recentes são *The long goodbye* e *Two cats and the woman they own*. Escreveu para muitas revistas, incluindo *Time*, *Newsweek*, *Ladies' Home Journal*, *Glamour*, *More* e *Sunset*.

Capítulo 1

A casa vazia

Em um dia claro e azul de janeiro, depois que os faróis traseiros do carro de minha mãe desapareceram na estrada, caminhei pela casa vazia que ela tinha deixado para trás e me familiarizei com sua ausência. Eu nunca tinha ficado sozinha ali antes (apesar de não estar *totalmente* sozinha — meu novo cachorrinho corria à minha volta). Foi inesperada essa exploração solitária. Minha mãe tinha acabado de partir de volta ao Leste para o serviço funerário de Gerald Ford, e a arrumadeira ainda não havia chegado. Os agentes do Serviço Secreto estavam sempre ali, mas em uma parte separada, então o silêncio da casa e o que ele podia me ensinar eram todos meus. Caminhei de volta cruzando a soleira como um peregrino pronto a empreender uma jornada.

Esta não é a casa em que cresci; é aquela para a qual meus pais se mudaram depois dos anos de Casa Branca — a casa que eles imaginaram para ser seu lar na desaceleração de suas vidas conjuntas. E foi assim... mas não como esperavam.

Meu pai mergulhou no Alzheimer aqui. No final, o único cômodo que ele conhecia era o que tinha sido seu estúdio e se transformara no que nós simplesmente chamávamos de "quarto dele"... com uma cama de hospital, uma poltrona, um aparelho pequeno de televisão para a enfermeira que estivesse em serviço e uma mesa repleta de parafernália médica. Ele morreu nesse quarto. Nosso último adeus ainda persiste como teias de aranha nos cantos — leve como um fio, forte como arame. Por meses depois disso eu sussurraria "Oi, pai" toda vez que passava pela porta. Agora foi transformado em escritório. Minha mãe senta-se na escrivaninha e responde a correspondência, rodeada de fotografias dele.

Ainda sinto meu pai aqui, mas a casa é preenchida por minha mãe. Sua decoração cuidadosa, precisa — pequenas caixas de Limoges arrumadas em círculos concêntricos em uma antiga mesa de mogno, vasos com arranjos artísticos de flores, porta retratos com molduras polidas de prata contendo imagens de outros tempos. O grande óleo pintado de um homem de olhos tristes é tão familiar quanto um membro da família. Ele me observava de cima da lareira em minha casa da infância, e me observa agora de cima da lareira do escritório. Uma parede deste quarto é tomada por livros, muitos dos quais antigos e raros, com lombadas de couro rachadas e gastas. Suas páginas não são viradas há anos. A casa cheira como minha mãe — o óleo de banho da Kiehl's com o qual ela gosta de se ensopar e o cheiro misterioso que cada indivíduo tem. Casas conservam os aromas das pessoas por um longo tempo; pergunto-me quão possessiva será esta casa em relação aos dela.

Caminhei de quarto em quarto, tentando memorizar e absorver o sentimento de ela não estar aqui. Quando seu pai já morreu e sua mãe tem cerca de 80 anos, a ausência tem um peso diferente. Parece um vislumbre do futuro, e convida a examiná-la... e examiná-la bem.

A casa estará vazia um dia. É assim que ela vai estar, que vai soar, disse a mim mesma. Caminhei tão devagar que meu cachorro começou a correr em círculos ao meu redor, confuso com meu passo de caramujo. Não queria perder nada. Queria que a quietude e o vazio me penetrassem; queria que toda memória flutuante me detivesse.

A sala de visitas raramente é usada atualmente. O sofá e as poltronas combinando são forrados de um tecido floral bem justo; vasculhei minha memória em busca da idade deles. *Velho* é tudo o que vinha à minha cabeça. Não consigo me lembrar de quando eles não tinham estado ali. Quando morei em Nova York e minha mãe visitou meu apartamento, ela ficou desconcertada com as capas de sofá *shabby chic**. (Foi há anos, bem no início do fenômeno.)

— Essas capas de sofá não têm o tamanho certo — disse ela, suavemente horrorizada.

— São feitas para não ser — expliquei. — O estilo se chama *shabby chic*, e tudo é folgado e relaxado.

— Mas não se ajustam — ela insistiu.

---

* Estilo em que os móveis são propositalmente rústicos e simples. (N. da T.)

Meses depois estávamos juntas na Califórnia, em uma casa em Malibu alugada por amigos dela. Na mesinha de centro estava o primeiro livro de Rachel Ashwell, intitulado simplesmente *Shabby Chic*.

— Ah, a Patti tem móveis assim! — ela exclamou encantada, aparentemente excitada por eu não ser realmente a rebelde estilística que ela me julgava ser.

Provoquei-a com isso e ela riu de minha lembrança, reconhecendo que, sim, nós realmente temos estilos diferentes de decoração e que ela tinha julgado rápido demais. De vez em quando, minha mãe me perguntava se eu gostaria que ela me desse alguma peça particular da mobília; sabiamente, nunca ofereceu o sofá da sala.

O quarto de minha mãe, infelizmente, tem sido só dela há anos. O quarto do outro lado da parede se tornou do meu pai quando uma cama de hospital e enfermeiras em tempo integral se fizeram necessárias. Mamãe mandou tirar sua cama *king-size* e uma *queen-size* foi trazida, na esperança de que a ausência dele fosse menos sentida na cama que eles compartilharam por quase cinquenta anos.

Mas ela ainda dorme do mesmo lado da cama. O lado que sempre foi de meu pai é plano e sem um vinco — nem mesmo uma concavidade no travesseiro. Quando eu era criança, brincava no quarto deles no dia de lavar roupas, quando as roupas de cama eram empilhadas no chão, e era capaz de dizer qual travesseiro era de minha mãe e qual era de meu pai pelo cheiro deles. Agora há apenas o de minha mãe.

No quarto de vestir, dois robes estão dependurados impecavelmente atrás da porta. Sei que ela provavelmente tem meia dúzia de outros em seu armário. Minha mãe adora robes — ou, falando de acordo com a geração, talvez eu devesse dizer "penhoar". De repente vejo uma imagem dela em nossa velha casa, décadas atrás, grávida de meu irmão mais novo, Ron:

"Ela está em pé junto à porta de tela que leva ao quintal, e usa um penhoar longo cor-de-rosa. Ela ficou praticamente confinada à cama no primeiro trimestre para não perder o bebê, e usa muito esse robe, a faixa amarrada folgadamente sobre a elevação que se tornará meu irmão. Ela sorri para mim enquanto vou para frente e para trás no balanço, meus pés visando o céu".

❖ ❖ ❖

Não sei por quanto tempo caminhei pelos quartos vazios. Provavelmente não muito, mas parecia estar viajando pelo espaço, para a frente e para trás entre o passado e o futuro. A casa estava quieta, calma como uma igreja, e me solicitava a mesma reverência.

Ao respirar na ausência de minha mãe, sabia que estava inalando sua presença — uma presença que nunca morrerá, mesmo quando ela se for.

Nossas mães deslizam entre as batidas de nossos corações. Elas vivem em nossos úteros, em nosso sangue, nos reflexos que vemos no espelho. Quando somos mais jovens, pensamos que elas vão se distanciar de nós; quando envelhecemos, sabemos que nunca conseguirão.

Eu imaginava minha mãe muito antes de ser capaz de realmente conhecê-la. Quando era criança, imaginava ter conversas longas, fáceis, descontraídas com ela, o tipo de conversa que amigas podem ter à luz do final de tarde, junto a xícaras de chá.

A realidade era muito diferente. Desafiei sua paciência e ela me intimidou. Mais do que isso, ela era a metade de uma relação iluminada pelas estrelas que parecia só existir em sua própria galáxia. Meus pais eram fundidos em um: corações, almas, mentes. Eles nos amavam, meu irmão caçula e eu, mas quando se olhavam o resto do mundo desaparecia. Os anos de tensão com minha mãe, que se amontoavam entre nós como tijolos em uma parede, são bem conhecidos. Ocasionalmente, até mesmo estranhos podem dizer algo para mim como: "É ótimo que você e sua mãe estejam se dando bem agora". Quase sempre é uma mulher que diz isso, com sua própria história prestes a ferver em seus olhos.

Como filhas, nós refletimos nossas mães de formas misteriosas e ancestrais. Mesmo em momentos de raiva — talvez especialmente assim — estamos presas a elas. Minha mãe e eu nunca fomos doces uma com a outra. Quer estejamos a milhas de distância e culpando uma a outra, ou unidas por laços fortes e amorosos, nossas emoções chegavam aos extremos da paleta de cores. Nada nunca era cinza.

Nós realmente temos uma amizade agora — não tão distante da que eu imaginava havia tanto tempo. Mas foi conquistada com dificuldade. A certa altura, parei de olhar para trás e apenas apreciei o ponto em que viemos parar. Aparentemente, ela fez o mesmo. Um dia, ao telefone, ela me disse: "Eu simplesmente não penso mais naqueles anos". (Acho que tinha se referido ao que chamo de nossos "anos de guerra".)

◆ ◆ ◆

O som de um carro entrando na rua fez com que eu me desse conta de que minha peregrinação pela casa vazia tinha terminado. À medida que fui me dirigindo até o *hall* de entrada para abrir a porta da frente, lembrei-me de ter ficado ali com minha mãe dois dias antes de meu pai falecer. Estava de saída, e ela desabou e chorou em meus braços. Minha mãe é pequena, e eu sou bem mais alta; suas lágrimas escorreram por meu ombro e pararam na curva de meu braço. "Nada jamais vai ficar bem sem ele", ela soluçou.

É impressionante e de cortar o coração sentir quão pequenas são nossas mães — envolver nossos braços mais jovens e mais fortes ao redor delas e memorizar a fragilidade de suas colunas vertebrais sob nossos dedos, a maciez de seus músculos sob o peso de nossas mãos. Eu estava abraçada ao tempo que se esvaía; estava abraçada a uma vida inteira de memórias, sentindo seu choro com uma tristeza que nunca cicatrizaria de verdade. Estava abraçada a uma mulher que tinha dado à luz a mim e que estava perdendo o amor de sua vida. Mas eu estava encontrando mais da filha que quis ser; e, no final, isso é o melhor que podemos fazer.

As pérolas de Barbara Bush

O aparador na entrada da casa de meus pais é algo que eu imediatamente confiro cada vez que atravesso a porta. Minha mãe deixa coisas ali para mim, ou para outras pessoas, e ocasionalmente os itens são apenas colocados naquele lugar para que ela não se esqueça deles da próxima vez que sair — um relógio que precisa ser consertado ou uma moldura de porta retrato quebrada. Vou a sua casa para almoçar todo domingo, e ela sempre deixa o *New York Times Book Review* para mim sobre a bandeja de prata que adorna o aparador. Às vezes há cartas para mim que as pessoas enviaram à Biblioteca Reagan.

Certo domingo, havia um colar de pérolas grandes e aparentemente falsas sobre o *New York Times Book Review*. Elas quase se pareciam com os colares de contas coloridas com os quais eu brincava quando criança. Não há outra maneira de dizer isso — eram as pérolas de Barbara Bush, e eu não conseguia ver minha mãe usando-as.

Então, imaginem minha surpresa quando ela perguntou:

— Você quer essas pérolas? Elas não são reais. Mas você quer?

— Oh... não, obrigada — respondi, sentindo-me de repente preocupada quanto a seu estado mental. Ela realmente achava que eu ia querer aquilo?

Sua expressão obscureceu; a tensão tornou-se palpável. Fiquei, para dizer o mínimo, confusa.

— Bem, por que você não as quer? — ela perguntou.

— Não fazem meu estilo — observei.

— Eu simplesmente não sei qual é seu estilo — ela espumou. — Como posso deixar minhas joias para você quando morrer se nem sei qual é o seu estilo?

Agora eu ficara realmente confusa. Tentando esclarecer a situação, comentei sobre as joias que realmente eram significativas para ela, a maioria das quais tinha sido presente de meu pai, e que, obviamente, *eu ia* querer. "Joias sempre podem ser redesenhadas", eu disse. Além disso, ela não tinha dito que as pérolas eram falsas?

Nada se resolveu, na verdade. Saí depois do almoço, ainda confusa, e no dia seguinte liguei para pedir desculpas por não ter aceitado o presente que ela me ofereceu. Comentei que tinha certamente feito algo errado.

Mais calma do que no dia anterior, ela disse:

— É que eu tenho pensado sobre deixar minhas joias para você, e então você disse que o colar não fazia seu estilo... isso me fez pensar sobre toda a questão das joias.

— Mas, veja, eu não sabia que *havia* uma questão das joias — respondi.

Sob o desenrolar dessa situação desconfortável estava nossa história juntas. Minha mãe e eu não aprendemos logo a nos comunicar uma com a outra. Na verdade, só aprendemos na última década. Não temos uma base sólida sob nosso relacionamento; fragmentamos anos de ressentimento, culpa e distância. Essa é a simples realidade.

As pérolas de Barbara Bush simplesmente iluminaram isso. Mas acho que, especialmente em relação a questões familiares, é importante começar do ponto em que se está e seguir a partir dali. Não dá para brincar de "eu te disse". Se o objetivo é encontrar paz de espírito, não há paz de espírito ao tentar desenterrar o passado.

Haverá provavelmente outras pequenas rusgas entre minha mãe e eu, enquanto cada uma luta para descobrir como se comunicar. Mas o que importa é que tentemos. Espero que as pérolas de Barbara Bush encontrem um bom lar, e sou grata a elas por terem fornecido uma lição importante.

Carolyn See

É autora de muitos romances, incluindo *The Handyman* e *Golden Days*, assim como trabalhos de não-ficção como *Making a literary life*. Ela é crítica literária do jornal *Washington Post* e participa dos conselhos do National Book Critics Circle e PEN/West International. Atualmente ensina inglês na Ucla — Universidade da Califórnia.

Capítulo 2

Carolyn See coloca uma pequena fotografia emoldurada à minha frente como preâmbulo para falar de sua mãe. Filha e mãe estão posando e sorrindo. Carolyn, que parece ter cerca de oito ou nove anos na foto, é loira e delicada. Seus olhos procuram, inquirem; estão cheios do entusiasmo de criança. A mãe tem o cabelo curto e arrumado rigorosamente, com uma onda firme caindo sobre a testa. Seus olhos ocultam, persistem, desafiam. Sou amiga de Carolyn há algum tempo e sabia que sua mãe era, eufemisticamente falando, "difícil". Mas...

— Ela era perversa, diz Carolyn imparcialmente e sem rodeios. — Ela era pior do que perversa. Era alcoólatra; me colocou para fora de casa aos dezesseis anos e mais tarde expulsou minha irmã, Maureen, também com dezesseis.

❖ ❖ ❖

Kate Louise Sullivan se casou com George Laws aos vinte e poucos anos. Eles diziam frequentemente a Carolyn o quanto queriam ter um filho, e ela era esse filho. Quando o casamento deles naufragou, Kate teria outra filha com seu segundo marido — Maureen, que nasceu depois de quinze anos.

Tragicamente, Maureen se tornou viciada em heroína depois de sair de casa e acabou falecendo em consequência da devastação causada por seu vício. Carolyn culpa a mãe pela morte da irmã?

— Certamente. Isto é óbvio. Eu saí e morei com meu pai, mas Maureen ficou sozinha com nossa mãe e comeu o pão que o diabo amassou.

Ela me conta sobre um incidente em que Maureen se enfiou debaixo da cama para não apanhar com um cabide de madeira que Kate segurava. "Minha mãe ajoelhou-se junto à cama, tentando puxá-la com o cabide. Enquanto isso, dizia: 'Vamos lá, não vou machucá-la'. O fato é que ela se deleitava com a própria maldade."

❖ ❖ ❖

Como uma filha chega a bom termo com uma mãe que não conseguia demonstrar amor por suas filhas? Carolyn imediatamente credita à terapia, assim como a alguns programas de autoajuda da década de 1980 que ensinavam a lidar com seus próprios "dramas do *self*" — em outras palavras, ater-se à dor e escolher fazer isso. Mas terapia só funciona se levar ao entendimento... se levar a olharmos para trás, para os anos pregressos de nossos pais, e ver em que momento o chão se abriu sob os pés deles, onde surgiram as fissuras. É um tipo estranho de estudo topográfico. Quando a paisagem mudou? Quando o coração rolou por uma ravina escura e se perdeu?

❖ ❖ ❖

Kate cresceu tomando conta da própria mãe, que estava doente e morrendo de tuberculose. Aos onze anos ela trocava lençóis, passava a esponja no corpo da mãe, limpava o escarro e o sangue e esperava a morte chegar.

Um dia o irmão mais velho de Kate parou diante da mãe enferma e lhe pediu dinheiro; quando ela disse que não tinha, ele a esbofeteou. Kate montou em sua bicicleta, foi até o local de trabalho do pai e lhe contou o que havia acontecido. "Bem, o que você quer que eu faça a respeito?", ele retrucou.

Uma base não muito sólida para a futura maternidade.

Carolyn veio ao mundo em 1934 em Pasadena, Califórnia, em meio à grande depressão norte-americana. Ela nasceu de duas pessoas que traziam consigo suas próprias histórias de devastação relacionadas à guerra. A mãe de seu pai se suicidou quando ele tinha catorze anos, e foi ele quem encontrou o corpo.

Carolyn aprendeu ao longo dos anos que, ao traçar o mapa da história de sua mãe, ela poderia começar a traçar o seu próprio... para encontrar a paz. E no final poderia aceitar, como ela diz agora, que sua mãe era doente, que não poderia ter se comportado de outra maneira, mesmo se quisesse.

— Os primeiros onze anos não foram tão ruins — admite. — Vivíamos em Eagle Rock nessa época, uma cidade pequena. Mas, quando tinha onze anos, meu pai nos deixou. Simplesmente foi embora, com todo o desprezo. Acho que realmente liberou a raiva.

Aos dezesseis anos, Carolyn foi viver com o pai e sua nova esposa em um apartamento de um quarto em Los Angeles. Ela estava feliz com ele, mas a fúria da mãe nunca foi esquecida nem se ausentou de sua vida. Kate se casou novamente — com um companheiro alcoólatra que achou que pudesse escapar impunemente dos abusos cometidos. Carolyn ri e destaca a importância de encontrar humor mesmo nas histórias mais sombrias. "Ele não sabia com quem estava se metendo", diz ela. "Não sabia como ela era má. Ele realmente tinha encontrado seu par."

Não há graça, porém, nas circunstâncias de sua irmã, Maureen. Enquanto Carolyn era teimosa e estoica, Maureen ficava apavorada. Mas também era astuta o suficiente para tentar escapar da brutalidade da mãe. Certa noite, Kate e uma amiga pregaram compensado na janela por onde Maureen tentara escapar. Elas a dominaram e bateram sua cabeça contra o chão diversas vezes. Não é de surpreender que, quando Maureen finalmente saiu de casa, aos dezesseis anos, ela tenha corrido para os braços da heroína.

Qualquer um entenderia se Carolyn tivesse banido a mãe de sua vida. Especialmente quando teve os próprios filhos: duas filhas e mais tarde uma filha adotiva. Quem *não* balançaria a cabeça e diria sim se a história terminasse em exílio — para uma mãe e filha trancadas pelo lado de fora da vida de cada uma com distância e silêncio? Mas esse não foi o desfecho da história.

As filhas de Carolyn conheceram a avó e têm até suas próprias histórias com ela. Mas também aprenderam como o humor retira até o véu mais escuro da história de uma pessoa. Hoje elas brincam sobre "incorporar a vovó Kate" sempre que uma delas tem um acesso de raiva. E elas sabem do que estão falando. Certo ano, Carolyn e o homem com quem estava saindo, além de suas filhas e da mãe, passaram os feriados de Natal em uma cabana de madeira na Califórnia. Clara, filha de Carolyn, que na época tinha quatro anos, colocou biscoitos e leite lá fora para o papai noel e perguntou à avó se ela achava que ele gostaria disso.

Kate, bêbada e caracteristicamente brutal, resmungou: "papai noel não existe".

Foi Clara quem, anos depois, levaria Carolyn até o leito em que Kate estava morrendo. Foi Clara quem, depois que a avó foi mais uma vez previsivelmente grosseira até mesmo em seu leito de morte, começou a rir na volta para casa em resposta à pergunta de Carolyn: "Você acha que ela ficou contente por termos vindo?".

Ensinamos o que aprendemos ao longo dos anos. Carolyn criou três filhas que aprenderam a olhar para a perversidade pelo filtro do humor. Elas conhecem a história da própria mãe — viveram parte dela —, mas, acima de tudo, viram o que ela fez com isso. É aí que entra a alquimia e, em última análise, a vitória. Não podemos escolher a história de nossa família; podemos apenas escolher como reagir a ela.

— Sinto-me triste por minha mãe — diz Carolyn. — Tenho pena dela. Ela era doente. Esperar que ela fosse diferente seria como pedir a um sapo que aprendesse latim.

E tão facilmente quanto consegue falar sobre os horrores, é capaz de falar sobre aspectos positivos.

— Deixe-me contar a você coisas positivas sobre minha mãe. Ela era maravilhosa com os amigos, leal, solidária. Era ela quem levava um amigo ao hospital, sentava-se com eles, tomava conta. Ela mantinha uma casa adorável, era uma ótima jardineira. Se eu olhar minha casa, mesmo não tendo um gosto idêntico ao dela, posso ver como incorporei sua noção de estilo. E até mesmo a raiva. Houve momentos de minha vida, profissionalmente, em que ser capaz de arrancar a raiva de mim e usá-la de uma maneira específica foi muito útil.

Também houve um momento na vida profissional de Carolyn em que aquela raiva mirou diretamente em sua mãe. Carolyn e John Espey, seu "parceiro de vida" por 26 anos, falecido em setembro de 2000, estavam fazendo uma conferência em San Bernardino. Sem o conhecimento deles, Kate estava na plateia. No final da conferência, quando Carolyn e John estavam dando autógrafos, Kate se aproximou e mostrou que estava presente. Então disse para as pessoas ali reunidas: "Eu costumava bater bastante nela. Acho que hoje seria presa por isso".

Como Carolyn conta, ela foi para casa depois desse encontro e "ficou enlouquecida". De todas as coisas imperdoáveis que a mãe fez, essa passou para o primeiro lugar da fila. "Ela misturou coisas distintas", diz Carolyn. "Ela invadiu minha vida profissional, e fiquei furiosa."

Mesmo assim, quando recebeu a notícia de que a mãe estava doente e provavelmente morrendo, ela foi até seu leito de morte. No final, isso diz tudo. É possível que, em se tratando de família, sejamos mais assombradas pelas coisas que não fazemos do que pelas palavras que dissemos ou os fatos de que nos arrependemos. Sua mãe estava morrendo e Carolyn dirigiu quilômetros para estar com ela; esta é a melhor forma de dar um descanso aos fantasmas — simplesmente mostrar a cara.

Um dos momentos mais profundos que Carolyn relembra aconteceu quando John estava doente e acamado. Carolyn era sua cuidadora primária. Ela trocava lençóis, o mantinha limpo... tinha assumido o papel que sua mãe vivenciara com apenas onze anos. E diz que houve um momento em que realmente compreendeu como essa parte do passado de sua mãe a tinha moldado — a exaustão profunda; a frustração; o peso de cuidar de uma pessoa agonizante dia após dia, noite após noite. Carolyn foi sábia o suficiente para encontrar tempo para o sofrimento, mas talvez Kate nunca tenha sido, talvez nunca pudesse. Ela era, afinal, apenas uma criança. E quem sabe para onde vai toda essa tristeza se não temos a chance de expressá-la?

Carolyn See pegou a matéria-prima de uma mãe nervosa e pouco carinhosa e transformou-a em uma vida completa e rica para si mesma. Fez isso trabalhando duro para entender e, finalmente, aceitar. Fez isso ao envolver com seu coração, sua mente e seu humor uma mulher complicada que, apesar de suas falhas e de sua fúria, trouxe ao mundo uma filha que saberia como perdoá-la.

Melissa Gilbert

Em 1974 superou outras quinhentas garotas na disputa pelo papel de Laura Ingalls Wilder na série de televisão *Os pioneiros*. O programa foi exibido durante nove anos, e Melissa literalmente cresceu diante de nossos olhos. Ela continuou a trabalhar regularmente, principalmente na televisão. Em 2001, foi eleita presidente da Screen Actors Guild e exerceu dois mandatos. É a pessoa mais jovem a receber uma estrela na Calçada da Fama de Hollywood.

Capítulo 3

Alguns dias antes de nos reunirmos para conversar, Melissa testemunhou uma negociação entre a mãe, a irmã mais nova, Sara, e o filho de Sara de três anos, Levi.

— Levi tinha colocado alguma coisa que não devia na boca, minha mãe tinha tirado dele e ele começou a chorar.

Melissa se sentou e assistiu sua mãe tentar desesperadamente conter as lágrimas do menino, distraí-lo da irritação... até que Sara interveio e disse: "Mamãe, deixe-o expressar seus sentimentos".

Melissa descreve o que aconteceu depois: "Minha mãe se sentou, olhando como se estivesse realmente sentindo uma dor física — porque seu neto estava chorando e ninguém a deixava fazê-lo parar. Foi um momento de virada para mim. Fechou um círculo. Tenho carregado muito ressentimento sobre o fato de que nunca me permitiram sofrer ou ficar triste, especialmente quando meu pai morreu. Tinha onze anos na época e me lembro disso como um borrão — fiquei histérica quando minha mãe me disse que papai havia morrido, mas meu irmão e eu fomos impedidos de ir ao funeral porque ela achava que seria doloroso demais para nós. Sempre que estávamos tristes, aborrecidos ou doentes, minha mãe dizia: 'Não, não e não' e espalhava pó de fada sobre tudo, para tentar nos fazer felizes novamente. Mas naquela noite, ao assisti-la com meu sobrinho, percebi que nada disso tinha sido feito com malícia ou egoísmo — ela apenas queria proteger seus bebês da dor".

◆ ◆ ◆

Melissa Gilbert nasceu em 8 de maio de 1964 e foi adotada por Paul Gilbert, ator e comediante, e Barbara Crane, atriz. Seus pais verdadeiros tinham organizado a adoção antes do nascimento. Barbara contou a Melissa que ficou ao telefone durante 24 horas quando sua mãe biológica entrou em trabalho de parto. Seu irmão, Jonathan, tinha sido adotado três anos antes.

O desejo de "espalhar pó de fada sobre tudo" tornou a casa dos Gilbert um local mágico em vários sentidos. Barbara costurava à mão as fantasias de halloween para Melissa e Jonathan e transformava todo feriado em uma ocasião festiva. Ela ajudava a criar jogos imaginativos e histórias para seus filhos — um mundo fantástico, de faz de conta, com o qual ela provavelmente esperava ajudar a manter o mundo real afastado, com todas as suas tristezas e desafios. Mas a vida se infiltra até mesmo nos planos mais bem elaborados. Assim como a morte.

—O dia 13 de fevereiro, dia da morte de meu pai, ainda é difícil para mim — diz Melissa. — Parecia um zumbi naquele dia, principalmente porque não tive a chance de sofrer quando aconteceu. Foi só depois que fiz vinte anos que me dei permissão para sentir minhas emoções.

Melissa tem dois filhos: Dakota, de seu primeiro casamento com Bo Brinkman, e Michael, com Bruce Boxleitner, com quem ficou casada por treze anos.

— Intuitivamente — ela diz — e sem pensar deliberadamente nisso, criei meus filhos para expressarem todos os sentimentos que tivessem. Eles são sempre encorajados a conversar sobre tudo o que sentem. Quando tivemos de sacrificar um de nossos cachorros, perguntei a Michael se ele queria ir conosco ao veterinário, e ele disse que sim. Foi difícil, mas não mais ou menos difícil por ele estar ali. Deixei que ele fizesse sua escolha.

Durante anos, Melissa desejou conversar com a mãe sobre as emoções que fora impedida de expressar quando criança, especialmente em relação à morte do pai. Mas Barbara preferiu evadir-se para assuntos mais felizes. A certa altura, a terapeuta de Melissa disse: "Por que você continua indo comprar pão na loja de ferragens?".

— Hoje consigo olhar para todas as coisas que sei sobre a forma como minha mãe foi criada e ver como isso a moldou e formou — diz Melissa. — Minha avó, hoje com noventa anos, tinha dezoito quando se casou e dezenove quando teve minha mãe. Nessa idade, ninguém é muito paciente. Então suspeito que minha mãe tenha jurado ser diferente da mãe *dela*.

Em algum ponto da vida, a noção de proteger os filhos de qualquer tipo de aborrecimento se desenvolveu.

Com essa disposição a guiá-la, Barbara encontrou uma forma doce e única de dizer aos dois filhos que tinham sido adotados. Ela pegou um livro sobre "crianças especialmente escolhidas" e riscou os nomes das crianças ficcionais, substituindo-os por Melissa e Jonathan. Melissa acreditou que o livro realmente tinha sido escrito sobre ela e o irmão. Ela se lembra de ir à escola e dizer a uma colega de classe que era "especialmente escolhida". A coleguinha disse: "Você quer dizer adotada?".

— Não! — Melissa respondeu de forma desafiadora.
— Especialmente escolhida! Crianças adotadas vêm de orfanatos.

Quando voltou para casa, contou à mãe sobre a conversa e Barbara gentilmente explicou que algumas pessoas se referem a isso como adoção, mas que ela e Jonathan eram definitivamente "especialmente escolhidos". Eles tinham sido queridos e amados desde o princípio.

Anos depois, quando Melissa tinha cerca de vinte anos e quis localizar os pais biológicos, Barbara superou o medo que todos os pais adotivos têm e respondeu com compreensão e apoio. Na verdade, sua mãe biológica havia falecido, mas Melissa localizou o pai biológico em Las Vegas e marcou uma visita. Barbara organizou um livro de recortes para dar a ele: fotos da infância da filha até aquele momento. Mas a visita foi tristemente insatisfatória e desapontadora.

— Ele era muito distante, muito isolado — diz Melissa.
— Queria alguma emoção da parte dele e não consegui nada. E ele então me disse que pensava que eu tivesse nascido

em 1963 e não em 1964. Ou seja, além de não me dar o que eu esperava encontrar, ainda fiquei imaginando que talvez fosse um ano mais velha do que realmente fosse. Liguei para minha mãe naquela noite chorando histericamente. E ela me consolou. Foi paciente e gentil e conversou até que eu me acalmasse... e jurou que, sim, eu tinha nascido em 1964, ele estava errado. Eu estava tão nervosa, e foi realmente extraordinário a forma que ela me tirou daquela situação.

Ela sorri com a lembrança e acrescenta: "Então, às vezes, você *consegue* comprar pão na loja de ferragens".

❖ ❖ ❖

Melissa começou a trabalhar em comerciais quando mal havia saído das fraldas, mas não porque Barbara fosse uma mãe que a empurrasse para os holofotes. Ela fora, na verdade, influenciada por pessoas que comentavam como sua filha era bonitinha e precoce e que provavelmente seria a primeira a ser escalada. Melissa se lembra de um teste quando tinha cerca de dois anos.

— Entrei na sala e o diretor, o produtor, o dono da agência, o redator e o diretor de elenco estavam todos sentados no chão. Era 1966, as coisas eram assim naquela época! Caminhei diretamente para o diretor, sentei-me no colo dele e dei um beijo em sua bochecha. Minha mãe ficou apavorada, com medo que eles pensassem que ela havia me mandado fazer isso, mas ela não tinha. Fiz por conta própria.

Barbara estabeleceu regras estritas no cronograma de Melissa, impedindo que ela trabalhasse mais de um dia ou dois por semana... quer dizer, até os nove anos, quando ela foi escalada para o seriado *Os pioneiros*. Quando fala sobre pessoas queridas e figuras paternas, Michael Landon, que fazia o papel do pai no seriado, está incluído. "Minha mãe é a única que resta em termos de pais", diz. "Meu pai e meu avô se foram. Michael Landon, que foi meu mentor e como um pai para mim, se foi..."

Barbara se casou diversas vezes, algo desafiador para a compreensão de Melissa. Seu próprio casamento com Bruce durou e se aprofundou ao longo dos anos porque eles assumiram o compromisso de trabalhar nisso, indo até mesmo à terapia durante momentos difíceis. Mas ela aceitou que, nesse aspecto, ela e a mãe são diferentes.

— Consigo ver em mim partes de minha mãe e partes de minha avó, mas são as melhores partes delas. São as partes que escolhi assumir. O que procuro agora quando estou com minha mãe é tudo o que pode me trazer paz de espírito. Não preciso explicar meu relacionamento com Bruce ou insistir em assuntos que são difíceis para ela tratar comigo ou procurar coisas que ela não é capaz de dar.

❖ ❖ ❖

Melissa me contou tudo isso antes que a vida desse uma guinada — como sempre acontece — e o marido de sua mãe, Warren Cowan, falecesse. Às vezes aprendemos muito sobre nossas mães ao entrar corajosamente em seu mundo, geralmente em quartos escuros, diante da proximidade da morte.

— Assisti à minha mãe tomar conta de Warren no último mês da vida dele — contou-me Melissa, meses depois de nossa primeira conversa. — E então presenciei sua morte nos braços dela. Literalmente, estava em pé observando-a na cama com ele, segurando a cabeça dele em seu peito, quando ele morreu. Não tinha me dado conta da profundidade da história de amor deles até então. Ver aquilo definiu a palavra *beleza* para mim.

Olhar para nossas mães com olhos diferentes significa também olhar para tudo o mais de forma diferente, inclusive aspectos de nosso passado.

◆ ◆ ◆

Ao longo da vida, Melissa teve de chegar a bom termo com uma segunda figura materna. Como a maioria das crianças adotadas, ela passou pela fase de se perguntar por que sua mãe biológica a abandonara. Ela não era amada ou passível de amor? Ela não era querida? Então soube que seus pais biológicos tinham trazido ao mundo seis crianças antes dela — ela era a sétima. Simplesmente não havia dinheiro suficiente para sustentar outro filho.

— Acho que minha mãe biológica teve muita coragem e demonstrou um grande amor por mim ao me dar para adoção e permitir que eu tivesse uma vida melhor do que ela poderia ter oferecido — diz Melissa. — Não consigo imaginar a dificuldade de se abrir mão de um filho, e sou muito grata a ela por ter tido essa força e por ter me amado tanto.

Ela tem uma única fotografia da mãe biológica. É uma pequena foto em preto-e-branco, de uma mulher magra, com cabelos escuros grossos e cacheados. A mulher está sentada em uma cadeira numa clareira na mata. Está com uma perna engessada do joelho para baixo e se veste com calças jeans e uma jaqueta. Em suas mãos há um rifle que ela aponta para as árvores.

— Não dá para ver seu rosto — diz Melissa —, mas definitivamente é possível ter uma ideia dela.

Fotografias congelam mais do que o tempo. Elas imortalizam a pessoa com um humor específico, uma posição específica, talvez com o traço de uma emoção passageira ainda nos olhos. Elas também travam o observador em tudo o que estava contido naquele momento singular em que a câmera foi clicada. A mãe biológica de Melissa sempre será a mulher decidida de cabelos negros, com a perna engessada e um rifle nas mãos. Nenhuma outra imagem, nenhuma outra realidade jamais contestou isso.

Melissa estava com seu coração aberto para compreender o fato de que a mulher que a trouxe ao mundo a deu para adoção. É possível que se elas tivessem se encontrado, tanto a imagem da fotografia quanto as escolhas emocionais da filha — não menos corajosas do que as de sua mãe —, fossem desafiadas. O encontro poderia ter sido uma decepção, assim como foi com o pai.

Então pode ter havido um pouco de mágica para que as coisas funcionassem como funcionaram. Mas Melissa acredita que ela e a mulher que lhe deu à luz um dia se encontrarão.

"Em um nível espiritual", diz, "aguardo ansiosamente o momento de vê-la do outro lado para poder agradecê-la."

❖ ❖ ❖

A trajetória de Melissa com Barbara continua a se aprofundar e evoluir... mesmo no curto período desde nossa primeira conversa. Testemunhar o amor ardente que sua mãe tinha pelo marido, a maneira que os braços dela o envolveram no final, a forma como seu coração o abrigará para sempre mudou a forma de elas se relacionarem.

— Tenho estado ou falado com ela diariamente desde então, e tem sido fenomenal. É como se alguém tivesse tirado a armadura dela.

Mas a verdade sobre armadura é que nós precisamos tirar a nossa antes de conseguirmos avaliar que outra pessoa também a possui. A morte ensinou tanto a Barbara quanto a Melissa sobre a vida — sobre como viver de maneira diferente, pelo menos uma com a outra. E sobre como abraçar o amor que sempre esteve ali.

— Quando chegar a hora de uma de nós partir, seja lá quem vá primeiro, porque nunca se sabe realmente o que vai acontecer na vida, nenhuma de nós vai precisar dizer para a outra: "Você me amou?" ou "Você me ama?". Isso nunca esteve em dúvida. Nunca questionei se minha mãe me amava. Sempre soube que sim, e sempre a amei.

No final, isso é tudo. Outras perguntas podem permanecer e nunca ser respondidas. Mas para Melissa a mais importante foi respondida no dia em que ela nasceu.

Anna Quindlen

É autora de sucesso de livros de ficção e não-ficção. Seus romances incluem *A casa dos Blessing*, *Um amor verdadeiro* e *Object lessons*. Seus trabalhos de não-ficção incluem *Living out loud*, *Loud and clear* e *Bom menino. Junto*. Ela também escreveu livros infantis. Sua coluna no jornal *The New York Times*, Public & Private, ganhou o Prêmio Pulitzer em 1992. Ela tem uma coluna quinzenal na revista *Newsweek*.

Capítulo 4

— O mundo deve estar cansado de me ouvir falar sobre minha mãe — disse-me Anna Quindlen quando pedi a ela para participar deste livro. Nem tanto. Ela é uma voz eloquente na história nada cansativa sobre filhas e mães. Seria difícil imaginar este livro sem a contribuição dela.

Anna tinha dezenove anos, a mais velha de cinco irmãos, quando sua mãe, Prudence Quindlen, morreu, vítima de câncer no ovário, aos quarenta anos.

Perder a mãe com tão pouca idade é perder chances, possibilidades, e apagar sonhos que você imaginou que sempre estariam esperando mais adiante. É como perceber de repente que uma das partes mais importantes de seu futuro estava escrita no céu em trilhas de fumaça. "Eu era mais ou menos a principal cuidadora", diz ela. "Meu pai viajava muito a trabalho, e eu abandonei a faculdade para cuidar dela e de meus outros quatro irmãos."

A mãe de Anna manteve sua doença em segredo durante um ano. Apenas o marido sabia que ela havia sido diagnosticada com câncer de ovário em estágio quatro, o mais grave de todos. "Porém, durante os últimos seis meses ela esteve muito doente, passando por sessões de quimioterapia e respondendo pouco a doses cada vez maiores de morfina, diz Anna."

Algumas dessas doses foram ministradas por Anna — uma responsabilidade de partir o coração para uma jovem de dezenove anos. Quando sugeri que pudesse ter, no entanto, algo carinhoso e melancólico no papel inverso de uma filha cuidando da mãe, Anna diz: "Honestamente, gostaria que tivesse sido carinhoso e melancólico, mas eu era uma adolescente egoísta e egocêntrica, e morria de medo da ideia de ficar presa nos subúrbios, cuidando da minha família para sempre. Teria feito qualquer coisa, na época, para evitar a responsabilidade. Agora, obviamente, posso apenas imaginar como estaria dilacerada pela culpa e pelo autodesprezo se não tivesse assumido essa tarefa".

Em toda família há trilhas de pegadas deixadas para trás durante anos, décadas. Alguns mudam de direção, circulam em volta e retornam, e finalmente — se temos sorte — criam uma trilha para adiante que sempre esteve ali esperando.

Anna pode ter ficado "brava e ressentida" na época — uma proteção emocional pelo fato de estar perdendo a mãe, a pessoa mais importante de seu mundo — mas cresceu para se tornar a mulher que escreveu (no livro *Pequeno grande guia para uma vida feliz*):

"Algo de muito ruim aconteceu comigo, algo que mudou minha vida de um jeito que, se eu tivesse alguma chance, jamais teria sido mudado, de forma alguma. E o que eu aprendi com isso é o que, hoje, às vezes parece ser a lição mais difícil de todas.

Aprendi a amar a jornada, não o destino. Aprendi que isso não é um ensaio, e que o hoje é a única garantia que se pode ter."

❖ ❖ ❖

Uma das ironias da vida é que muitas vezes o mais profundo conhecimento vem do golpe mais cruel. A morte de um dos pais muda a pessoa para sempre. Mas a perda é fluida, amorfa. Ela muda de forma, de dimensões, conforme os anos passam.

Anna se casou, teve três filhos, construiu uma carreira e uma vida sólida e feliz — tudo isso ao redor da lacuna causada pela ausência da mãe. E além do mais... o fato de sua filha trazer uma forte semelhança com Prudence lhe dá muita alegria. Quando pensa no quanto sua mãe a amava, Anna diz que se sente livre de qualquer questionamento, fortalecida pela confiança.

Vinte e cinco anos após a morte de Prudence Quindlen, no aniversário de sua morte, Anna publicou um artigo na revista *Good Housekeeping* (reproduzido mais tarde em sua coletânea *Loud and clear*), em que escreveu:

"Há apenas um buraco em meu coração, e nada para preenchê-lo. A verdade é que não existe ninguém na sua vida, nunca, como sua mãe. E mesmo quando ela é uma mãe ruim, punitiva e crítica. Sua mãe é o espelho. Quer você escolha admirar o reflexo com tranquilidade ou incliná-lo ou quebrá-lo totalmente, este é o ponto do qual você sempre começa. É quem você é."

Passaram-se mais de 35 anos. "Não posso dizer sem usar uma hipérbole", Anna me conta, "mas penso nela todos os dias, e tento ser para meus filhos a mãe que ela foi para os dela. Ela era mais conhecida por sua gentileza e natureza quieta, afável. Tive tanta sorte de ter como minha mãe uma pessoa tão decente, honesta e carinhosa, uma mulher que tinha o dom de amar incondicionalmente."

Isso pode ser encarado dessa maneira: uma jovem de dezenove anos foi destituída de anos, até mesmo décadas, do convívio com a mãe. Elas nunca puderam caminhar juntas. Mas Anna provou que esta não é a história toda. É verdade que há uma tristeza que nunca vai embora. Mas mesmo muitos anos depois de sua morte, a mãe de Anna voltou para a vida da filha e aconchegou-se em cantinhos quietos e adormecidos.

— Eu tento, todos os dias, acordar e ser igual a ela, pelo bem dos meus filhos — escreveu Anna.

Pode não haver testamento melhor de como os relacionamentos sobrevivem, mesmo além da linha delimitadora da morte.

Rosanna Arquette

Já foi indicada ao Globo de Ouro como atriz, diretora e produtora. Começou a atuar ainda adolescente em programas de televisão e também em filmes. É conhecida por estrelar longa-metragens independentes como *Procura-se Susan desesperadamente*, pelo qual ganhou o British Academy Award. Em 2002, escreveu, produziu e dirigiu o filme *Searching for Debra Winger*.

Capítulo 5

Rosanna Arquette quase não nasceu. Aos dezenove anos, sua mãe, Mardi, grávida, estava deitada em uma mesa esperando por um médico para realizar um aborto. Era 1958 — uma época nada amigável para jovens garotas que não estavam prontas para ser mães. De repente, a enfermeira entrou correndo e mandou que Mardi se levantasse, se vestisse e saísse de lá. Ela o fez... instantes antes de o médico ser preso e levado para a cadeia.

— Tenho me perguntado — diz Rosanna — se isso está arraigado em mim, essa sensação de abandono.

Bem, é um começo incomum para a vida de uma pessoa.

Rosanna é alguém que investiga, que questiona — como o passado emperra o presente, vaza para o futuro? Sendo mãe solteira de uma filha de treze anos, Zoe, ela não quer repetir nenhum comportamento antigo, especialmente aqueles que causaram danos. Ela tem se dedicado a trabalhar com os resquícios de seu passado na terapia, para ter relacionamentos mais saudáveis e ser a melhor mãe possível.

— No fim, tudo remete à mãe e ao pai — diz ela. — Minha mãe e eu tivemos uma relação muito intensa.

Muito violenta e tumultuada durante a primeira parte da minha vida.

Meus irmãos não tiveram as mesmas experiências com ela que eu. Comigo, ela chegou a ser bem agressiva. Às vezes fisicamente, mas na maior parte do tempo verbalmente. Ela simplesmente ficava fora de si. Mas o que acontece é que ela percebeu isso em si mesma. Ela mesma veio de um lar muito violento e louco e não tinha as ferramentas necessárias para quebrar o ciclo.

Então, Mardi saiu à procura dessas ferramentas. Ela decidiu se tornar terapeuta. Sendo atriz e poeta, serviu-se da mesma paixão criativa para estudar e praticar terapia. Seu foco, principalmente, foi no tratamento de mulheres que sofreram abuso.

Como a mais velha de cinco filhos, Rosanna observou a mãe crescer e mudar. Ela a viu aprender a ser uma mãe mais paciente do que a menina de dezenove anos com pouco dinheiro que lutara para criar um bebê nos anos 1960.

— Todos nós, em nossa família, tivemos a experiência, ao longo dos anos, de pessoas nos pararem para contar como nossa mãe as ajudou como terapeuta. Mulheres me contaram que ela salvou a vida delas.

É preciso ter coragem para voltar, olhar para o lugar de onde se veio, de quem se veio, e começar a podar as extremidades para ser livre para crescer. Mardi ensinou a sua primogênita uma lição valiosa com o próprio exemplo, o que não ficou perdido em Rosanna: ouse recuar para, no final de tudo, poder ir em frente.

❖ ❖ ❖

Apesar de os quatro irmãos de Rosanna terem tido uma vida melhor do que a dela, nenhum deles teve o que remotamente poderia ser chamado de criação convencional. Nada de cercas brancas e balanços no jardim. Dos onze aos catorze anos, Rosanna viveu com a família em uma república. Seu irmão, David, nasceu na traseira da van que levava Mardi da república para o hospital. Rosanna se lembra de, no dia seguinte, ter ajudado no parto de um menino que se tornaria o melhor amigo de David. Ela estava com doze anos.

Anos depois, na década de 1980, Mardi levou os quatro filhos menores para a usina nuclear de Diablo Canyon para uma manifestação. Eles se deitaram na estrada junto com outros manifestantes contrários à energia nuclear e se recusaram a sair dali. Mardi era uma mulher de convicção e estava determinada a transmitir isso aos filhos.

— E também — contou-me Rosanna, rindo —, quando seu pai reduziu os recursos federais para os sem teto e, de repente, havia mais pessoas sem-teto na rua, minha mãe começou a trazê-los para casa. Uma vez, ela estava entrando em um ônibus para ir a uma passeata de protesto e o motorista se recusou a deixar subir um deficiente físico que usava andador. Ela se sentou na rua na frente do ônibus e não se mexeu até o motorista deixar o rapaz entrar.

Não é surpresa que todos os filhos de Mardi sejam pessoas excepcionalmente criativas. Ninguém pode imaginar um banqueiro emergindo de uma origem tão boêmia e espontânea.

❖ ❖ ❖

Rosanna deixou a república aos catorze anos, foi morar com amigos da família em New Jersey por um ano e então viajou pelos Estados Unidos de carona. Nos anos seguintes, sua família se mudou para Chicago e depois para Los Angeles.

— O mais engraçado sobre a minha mãe — diz Rosanna — é que ela era um tipo de buscadora espiritual, mas ao mesmo tempo foi um pouco uma mãe que realizou os próprios sonhos por meio dos filhos. Meus pais eram atores esforçados, então quando eu comecei a trabalhar e ganhar dinheiro, eles viveram indiretamente à minha custa.

Ela recorda de um incidente quando era mais velha, em uma sessão de terapia à qual seus pais também estavam presentes. "Era uma daquelas sessões baseadas no Al-Anon, em que cada pessoa diz como se sentiu quando tais e tais coisas aconteceram. Fiquei pasma quando minha mãe disse: 'Ficamos muito magoados quando você recusou o papel principal em *Acusados*'. Percebi o quão emocionalmente empenhados eles estavam em minhas escolhas na carreira."

Ela consegue rir disso agora, mas a situação não foi exatamente engraçada naquela época.

Seus pais também lidaram com a própria relação tumultuada. Mardi conseguiu criar um caminho mais suave com os filhos, mas isso nem sempre se estendia a seu casamento. Os altos e baixos emocionais eram constantes, e o pai de Rosanna não era muito fiel. É outra reconstituição de passos do passado dela que Rosanna se pergunta: "Nós recriamos versões das relações de nossos pais, famintos por um resultado diferente?".

Sua mãe muito provavelmente gostaria que esta pergunta fosse feita.

◆ ◆ ◆

Mardi foi diagnosticada com câncer de mama quando Rosanna tinha trinta anos e não conseguiu convencê-la a seguir a medicina ocidental. "Ela tomou a decisão que achava mais correta", diz Rosanna. "E nunca se arrependeu dessa escolha."

O câncer se espalhou e piorou. Depois de quase oito anos, seu seio gangrenou, e ninguém na família conseguia evitar de ser cuidadoso sobre o tema da morte, que estava se aproximando. Os filhos de Mardi aceitaram a responsabilidade de cuidar da mãe durante seus últimos estágios de vida.

— Minha irmã Patrícia fazia as partes mais difíceis — Rosanna me conta. — A limpeza e os curativos, até as injeções. Ela foi incrível. Mas todos nós cuidamos dela juntos, sabendo que o melhor que podíamos fazer àquela altura era mantê-la confortável.

Para Rosanna, era o fechamento do ciclo com Mardi, um começo tempestuoso, seguido de anos de trabalho no relacionamento delas, e finalmente a disposição gentil de uma filha em cuidar de sua mãe enquanto ela se esvaía da vida.

— Sinto-me muito transparente em relação a ela — Rosanna agora pode dizer. — Estávamos em um lugar bom ao final. Ela recebeu sua licença de terapeuta uma semana antes de morrer. Ela investiu todas as suas horas, aconselhou pessoas, mas, na verdade, não conseguiu a licença até perto de sua morte. Foi muito importante a possibilidade de mostrar isso a ela.

Mardi morreu em agosto, com pouco mais de 59 anos. Faltavam quatro dias para o aniversário de 38 anos de Rosanna.

— Agosto é um mês difícil para mim. No primeiro ano depois que ela morreu, fui ao cemitério e simplesmente fiquei sentada ao lado de seu túmulo durante a maior parte do dia.

Ela e David estavam presentes quando a mãe deu o último suspiro. Todos sabiam que a hora estava chegando; Mardi parara de comer. Mas, para qualquer pessoa, determinar quando o fim virá dificilmente é uma ciência exata. Ela resistiu por algumas semanas e morreu logo cedo pela manhã, depois de Rosanna ter passado a noite em seu quarto.

— David e eu estávamos dizendo a ela que tudo bem ela ir — relembra Rosanna. — Os olhos estavam bem abertos e fixos em algum ponto, mas era como se ela não estivesse mais aqui, como se sua alma já houvesse partido. Foi bem tranquilo, posso dizer. Mas então eu tive de ligar para Patrícia, e essa foi a parte mais difícil.

O pai de Rosanna morreu alguns anos depois, de complicações decorrentes de uma transfusão de sangue. "Eles tiveram seus problemas, mas acho que ele morreu realmente sabendo que minha mãe era seu grande amor."

Rosanna é muito clara quanto à ideia de como sua mãe vive dentro dela.

— Ela era tão criativa e tão dedicada à defesa de suas crenças... Mesmo a forma como morreu foi do jeito que ela desejava. Ela não queria fazer cirurgias ou encher-se de medicamentos de quimioterapia. Havia muita integridade em suas escolhas. E ela criou cinco filhos, todos criativos e artistas. Ela teve uma vida plena. Era atriz, terapeuta, poeta...

Há dez anos, Rosanna passou a maior parte de um dia quente de agosto sentada quietinha no local em que sua mãe foi enterrada. Nós nos sentamos ao lado do túmulo de pessoas queridas para ouvir o silêncio que elas deixaram para trás, mas também para explorar as vidas que elas nos deixaram, as vidas que se apoiam em nossas almas, que nos moldam tanto em modos óbvios quanto misteriosos.

Mardi deixou a Rosanna algumas memórias para serem trabalhadas, é verdade, mas ela deixou outras que a sustentam e guiam. E também deixou poesia à filha, incluindo um poema sobre ela:

Ela criança

Como o mecanismo de um relógio
Meu corpo segue um fluxo
Acorda-me com fitas vermelhas brilhantes
Pergunta quem coloca o sol no céu.

A primeira vez que me deitei com um homem
Ele espalhou ramos com sêmen
Prendeu seu chifre em troncos
Desculpe ter ido tão rápido, ele disse
Subindo as calças de volta
Da próxima vez te dou um orgasmo.
O que é isso, perguntei, ele riu jogando uma moeda no ar
Como uma pedra preciosa.
No verão, fiz o tremor chegar
Permissão dada a alguém com quem me casaria
Cresceu robusta como uma maçã
Até que mãos rígidas me colocaram para dormir como brutamontes.
Ainda assim deveria ter apertado meus joelhos
Empurrei para baixo com força porque ela vinha suculenta e madura
Um mundo de sol perfeito e imaculado.
Ela criança, com seu amor, sabe que as estações vêm e vão
E o outono chegará a você
Certo como a lua.
Semana passada, meu pai comoveu-se na praia
Disse que nada na vida nunca se completa.
Sentei-me com uma amiga até que sua respiração
Parou de contar possibilidades
Esgotando-se de mim como coágulos
Esperar a ninhada de um último ovo irá lavar a maré baixa do inverno
Enquanto a condição de mulher é um círculo vermelho perfeito
Amarrado em uma faixa em minha cabeça.

Mary Kay Place

É atriz, cantora, diretora e roteirista. Em 1977, ganhou um Emmy por seu papel de Loretta Haggers em *Mary Hartman, Mary Hartman*. Escreveu roteiros para vários seriados de televisão e atuou em diversos filmes, incluindo *O homem que fazia chover* e *Quero ser John Malkovich*. Dirigiu programas para o canal de televisão HBO e tem um papel na série *Big Love*, também da HBO.

Capítulo 6

Quando Mary Kay Place diz: "Nunca me passou pela cabeça que minha mãe não estivesse por perto para me ajudar", não fica claro à primeira vista se ela está se referindo ao presente ou ao passado. Gwendolyn Lucille Place morreu em 2003 de complicações relacionadas à doença de Alzheimer.

Com a morte de um dos pais, há um vazio desconhecido — um sentimento persistente de que ele ou ela estão a apenas um telefonema de distância. Mas o Alzheimer potencializa a dor, porque a jornada de perda começa anos antes que a morte tenha a palavra final. A cada mês ou ano que se passa, a cada visita, a pessoa que você conhecia desvanece um pouco mais; tudo o que se pode fazer é lembrar-se de quem ela era.

Isso provavelmente paira em algum lugar do comentário de Mary Kay, mas ela na verdade está se referindo a sua infância. A casa dos Place era alegre, afetuosa — às vezes tumultuada, mas sempre cheia de amor. Mary Kay é a filha do meio, a única garota entre dois meninos, e nenhum dos filhos jamais duvidou de que seus pais eram absolutamente devotados a eles.

❖ ❖ ❖

Gwendolyn Lucille, que todos chamavam de Gwen, casou-se com seu namorado de faculdade no Texas pouco antes da Segunda Guerra Mundial. Era uma época em que muitos jovens diziam adeus para suas novas noivas e atravessavam o oceano, sem saber se retornariam inteiros ou se nem sequer voltariam. Na época em que o pai de Mary Kay se uniu aos *marines* e embarcou para lutar na guerra, Gwen estava grávida do primeiro filho. Noiva da guerra e vivendo em Port Arthur, no Texas, ela se tornou professora primária — uma carreira que deixaria de lado assim que o marido voltasse da guerra, mas que retomaria quando Mary Kay estivesse no segundo ano do ensino médio.

— Ela era uma boa professora — diz Mary Kay. — Ela levava as crianças que causavam problemas para outras salas e lhes dava atenção especial. Convertia-as em monitores ou demonstrava confiança e interesse nelas de alguma forma, ao contrário de todos os demais. Mas então ela dizia às crianças: "Vocês têm de assumir essa responsabilidade. Acabou o mau comportamento. Conto com vocês". Quando minha mãe morreu, recebemos cartas de muitos antigos alunos dela. Uma aluna escreveu que minha mãe a inspirou a se tornar professora mesmo depois de ter passado vários feriados escrevendo cem vezes: "Não vou conversar em aula".

Quando Mary Kay nasceu, a família se mudou para Tulsa, em Oklahoma, e cinco anos depois seu irmão mais novo nasceu. Gwen se acomodou na vida de uma típica dona de casa dos anos 1950; ela era mãe educadora, líder do acampamento, voluntária da Little League*.

— Ela se envolvia bastante em nossas vidas — diz Mary Kay. — Sabíamos que sempre podíamos contar com ela, mas também sabíamos que se nos metêssemos em apuros, teríamos de assumir a responsabilidade sobre nossas ações. Ela nunca negava a verdade em relação aos filhos ou açucarava as coisas. Ela adquiriu essa atitude dos pais, pessoas muito pragmáticas que apostavam no resultado dos próprios esforços. Eles não acreditavam em autopiedade, e minha mãe também não. Acima de tudo, era uma questão de escolher focar no positivo.

O relacionamento de Gwen com o marido era um pouco mais complicado.

— À primeira vista, meus pais tinham um casamento tradicional do pós-guerra. Meu pai era chefe da casa e professor universitário, com uma personalidade forte e expansiva, e muito considerado pela comunidade. Ele era a estrela e minha mãe o jogador de apoio. Mas onde realmente importava eles eram parceiros igualitários. Ela sempre falou o que pensava, e como os dois tinham personalidades fortes, discutiam muito, mas esse era o jeito deles. Certa vez, quando éramos crianças, a família inteira estava viajando de carro para a casa de meus avós, no Texas, e papai estava com pressa de chegar. Irritado, passou por vários restau-

---

* Liga de beisebol infantil. (N. da T.)

rantes de estrada, dizendo que não era bom ou que não parecia suficientemente limpo. Finalmente concordamos em parar em um local bem pequeno. Minha mãe entrou e comprou os ingredientes para que pudéssemos comer no carro e seguir viagem. Enquanto ela se esforçava para fazer os sanduíches sobre o colo, papai continuou tagarelando, dizendo para ela ter cuidado com a maionese no banco do carro, para não deixar cair o tomate... e assim foi. Finalmente, ela disse: "Mais uma palavra e jogo tudo isso fora".

— Bem, ele não conseguiu resistir a fazer mais alguns comentários; e sem dúvida o vidro da janela foi abaixado e foi tudo embora, o pão, a maionese, a salada de batata, a alface, o tomate. Tudo. Meus irmãos e eu ficamos olhando para nosso almoço na estrada atrás de nós, estupefatos.

— Mas papai entendeu a mensagem. Paramos no restaurante seguinte. Para meus pais, discutir era apenas soltar vapor, uma forma de resolver as coisas. Ataques de raiva terminavam tão rápido quanto começavam, e não restava nenhuma mágoa. Assim que acabavam, era como se nunca tivessem acontecido.

Somos marcados de várias formas quando crianças, e Mary Kay simplesmente assumiu que toda casa era como a dela. Mais tarde, quando se tornou adulta e começou a ter seus próprios relacionamentos, ela se viu seguindo os mesmos padrões com os quais tinha crescido — declarando seus sentimentos, mesmo a raiva, e esperando que a outra pessoa andasse paripasso com ela. E então esperava que o desentendimento acabasse e fosse esquecido.

Rindo, ela diz: "É claro que nem sempre funcionou assim. Eu realmente assustei algumas pessoas".

Algumas das lições mais duradouras que Mary Kay aprendeu com a mãe tem a ver com empatia e compaixão. Ela se lembra de chegar um dia em casa depois da escola e dizer à mãe que tinha combinado algum programa com uma amiga, mas que depois recebera um convite mais tentador e queria aceitar.

— Bem, como você acha que se sentiria se alguém fizesse isso com você? — a mãe perguntou. — Coloque-se no lugar dela.

Outra lição tem a ver com tratar as pessoas igualitariamente, sem distinção. Mary Kay não sabia, na infância e adolescência, que houvesse algo como malícia entre mulheres. Não sabia por que sua mãe nunca demonstrara isso. Gwen gostava genuinamente tanto de homens como de mulheres, e nunca fofocava ou falava de alguém pelas costas. Por mais estranho que pareça, Gwen dizia a seus filhos com toda seriedade: "Se não puder dizer algo bom, não diga nada".

— Ela não era santa, apesar disso — destaca Mary Kay. — Ela podia ser dogmática, mandona e teimosa como uma mula.

Mas ela também era racional e "muito divertida".

As exortações de Gwen eram uma combinação de "bom senso, entusiasmo por suas esperanças e seus sonhos e uma crença absoluta de que era possível realizar tudo a que nos propuséssemos". Hoje, se Mary Kay se vê diante de um desafio, ela ainda ouve a voz da mãe em sua cabeça, estimulando-a e encorajando-a.

◆ ◆ ◆

Os melhores professores são aqueles que sabem quando ser alunos. Quando Mary Kay se viu paralisada pela depressão clínica, Gwen aprenderia uma lição ímpar — que a vida às vezes arrasta você para as profundezas de águas escuras, e tudo o que se pode fazer é flutuar, olhar ao redor, procurar e tentar entender como chegou ali... até que surja uma luz e você possa começar a nadar de novo.

Eram os anos 1980 e Mary Kay tinha feito mais de trezentos episódios de *Mary Hartman*, assim como filmes e álbuns — sem nenhuma pausa. Ela foi acometida por exaustão. "Eu não reduzia o ritmo, então meu corpo fez isso por mim. Fiquei em pedaços. Foi como se o chão desmoronasse. Apesar de estar tentando lidar com isso na terapia, não conseguia sair do lugar escuro."

Gwen se deu conta de que a situação da filha não seria aliviada com a filosofia tradicional de "colher os resultados dos próprios esforços". A depressão deixa suas vítimas impotentes.

— Minha mãe não entendeu no começo — diz Mary Kay. — Ninguém em minha família tinha alguma experiência semelhante.

Sabendo que tinha de resgatar a filha, Gwen voou de Tulsa a Los Angeles, ficou com Mary Kay e a apoiou de todas as maneiras possíveis. Depois de duas semanas, chegou o momento que transportaria mãe e filha de volta à vida que elas já conheciam, e ambas se tornariam mais sábias com a experiência.

— No final da visita dela, fiz um comentário derrotista e ela me olhou daquele jeito. Vi um clique em seu olhar. Ela nunca disse uma palavra, mas eu captei a mensagem: "É hora de você sair disso. Você tem de se esforçar mais. Sei que você é capaz. Você vai conseguir, e tem de começar agora". E assim eu fiz. Esse foi o ponto de partida.

Infelizmente, Gwen não conseguiu se recuperar do Alzheimer. Como sua própria mãe tinha sido pega pela doença, ela sabia que corria risco, e começou a perceber pequenos sintomas um ano antes de se aposentar como professora.

— Bem no início, ela passou a tomar o remédio Aricept, que realmente conseguiu mantê-la em um padrão estável. Então, depois que papai se aposentou, os dois passaram os catorze anos seguintes viajando, divertindo amigos e família e aproveitando a vida. Com exceção de meu pai, ninguém mais soube do diagnóstico de minha mãe por muito tempo.

Mas a doença de Alzheimer é um ladrão incansável e sua vitória é inevitável. No final, à medida que os sintomas de Gwen se tornavam mais óbvios, todos conheceram a verdade.

— Mas mesmo então — diz Mary Kay — mamãe tocou a vida como sempre. Ela levava seu talão de cheques ao caixa do supermercado e dizia: "Tenho Alzheimer. Você pode preencher meu cheque? Eu assino". Sua aceitação do que estava acontecendo com ela sempre me impressionou. Tenho certeza de que ela passou pela tristeza e pelo pesar em particular, mas na nossa frente ela seguia adiante, tirando o melhor de uma situação sobre a qual ela não tinha controle. Simplesmente como sempre tinha sido.

Foi uma das lições finais de Gwen, que, apesar de tudo o que o Alzheimer rouba de uma pessoa, não consegue tocar seu espírito.

◆ ◆ ◆

Então que partes de Gwen vivem em Mary Kay? Como se poderia esperar, um forte senso de sobrevivência e determinação, e um pouquinho de professora também...

— Sua empatia e sua prática de olhar para uma situação do ponto de vista de outra pessoa não só me ajudou na vida como me ajudou a desenvolver e compreender os personagens em meu trabalho. E quando estou dirigindo, às vezes consigo ouvir a voz de minha mãe na minha. Também compartilho seu temperamento quando algo me enfurece ou quando sinto que há uma injustiça.

— Quando o movimento feminista nos encorajou a encontrar nossa voz, percebi como minha mãe tinha sido um exemplo prévio disso. O conflito não me intimida, se for isso o que estiver na minha frente. Consigo me expressar e aprendi a dizer não. E, sim, posso ser um pouco mandona e teimosa às vezes.

Ela ri e balança o dedo no ar. "Ah, sim, e há o dedo balançando. Minha mãe fazia isso quando queria reforçar um ponto, e frequentemente me pego fazendo isso. Tive um namorado que me disse: 'O que é isso? Abaixe essa arma'."

◆ ◆ ◆

Um dos presentes da vida de Gwendolyn Lucille Place é que ela vive dentro de muitas pessoas — não só de seus filhos, mas dos alunos para quem lecionou, das pessoas que se beneficiaram de sua sabedoria e compaixão, e dos visitantes que ficaram mais tempo do que tencionavam simplesmente porque era bom estar perto dela. Algumas pessoas nasceram para ser professoras; e aquelas que têm a sorte de cruzar o caminho delas ficam ali por um tempo, aprendem e são transformadas para sempre.

Faye Wattleton

Foi a pessoa mais jovem e a primeira mulher a ser nomeada presidente da Planned Parenthood, a maior fornecedora de assistência médica voluntária para a reprodução da mulher. Depois de catorze anos, pediu demissão em 1992 e agora é cofundadora e presidente do Center for the Advancement of Women, uma organização apartidária dedicada à pesquisa sobre tendências de opinião das mulheres, que defende seus direitos e oportunidades.

Capítulo 7

A mãe de Faye Wattleton foi "chamada por Deus" para servir aos dezessete anos de idade. O caminho que ela escolheu foi o de ministra da Church of God, uma seita fundamentalista. "Jesus convocou seus discípulos a deixar tudo para trás e segui-lo", diz Faye. "Foi no que minha mãe acreditou em uma interpretação literal da Bíblia." Nem todo mundo ficou animado com o chamado. O pai de Faye foi essencialmente deserdado por sua família porque se casara com uma "mulher pregadora". Mas a família Wattleton continuou a ser guiada por uma mulher que via a si mesma como um instrumento de Deus.

— Não fumar, beber, dançar ou ir ao cinema — diz Faye. E a disciplina era sempre ensinada em avisos sobre a ira divina. "Às vezes era difícil saber onde Deus parava e onde começava minha mãe."

❖ ❖ ❖

Ozie Garrett Bell nasceu em 1915, na zona rural do Mississípi. Seu primeiro nome na verdade era o de um amigo da família. Ela foi a primeira menina depois de quatro meninos; outras quatro crianças viriam depois. O pai dela era dono da própria terra, pregava todo domingo em diferentes igrejas rurais, administrava uma loja e possuía duas serrarias. Ainda havia uma profunda divisão racial nos Estados Unidos, apesar de a abolição já ter sido formalmente declarada. Política é uma coisa; a rotina diária é outra... e isso ainda estava separado, em toda parte, entre pretos e brancos. Esperava-se que os nove filhos trabalhassem no campo, colhendo algodão para o próprio pai e não para um senhor de escravos. Os filhos homens trabalhavam ao lado do pai nos bosques e serrarias.

Ozie, porém, enveredaria por outro caminho. Aos dezesseis anos ela venceu um concurso do 4-H* em sete Estados, graças a uma redação que havia escrito. O prêmio foi uma viagem para Washington D.C., acompanhada de um agente do 4-H de Madison County, e a oportunidade de ler seu ensaio em um programa da rádio NBC chamado *The national farm and home hour*.

— Depois dessa exposição a um mundo fora do Mississípi rural — diz Faye sobre a mãe —, foi realmente impossível para ela voltar a ser a filha de um fazendeiro.

Ozie deixou isso bem claro para os pais. Ela lhes disse que poderiam surrá-la diariamente se quisessem, mas que não colheria mais algodão. E então acrescentou que sabia que eles não a matariam porque eram bons cristãos que

---

* Organização associativa que reúne jovens em torno de causas comunitárias. (N. da T.)

tinham sido "salvos". Palavras premonitórias para uma garota de dezesseis anos que logo encontraria seu chamado.

Seus pais a enviaram para o Norte, a Columbus, em Ohio, para viver com uma família que era membro da igreja e que possuía uma filha quase da mesma idade que ela. Foi quando decidiram que Ozie deveria ir à escola. Foi em Columbus que ela atraiu a atenção de um pastor local, que viu algo especial na garota e pediu-lhe que fizesse um sermão para a juventude da igreja, convite que ela aceitou prontamente e foi aplaudida de pé ao final.

— Mas ela também aspirava ir a Nova York e se tornar modelo — diz Faye. — Minha mãe era muito bonita.

Essas aspirações foram deixadas de lado. Depois do "chamado para o ministério" de Ozie, ela voltou ao Mississípi, mas nada conseguiu devolvê-la aos campos de algodão com os irmãos. Em uma longa visita a parentes em St. Louis, Missouri, ela conheceu o homem que se tornaria seu marido.

Ozie e George Wattleton se estabeleceram em St. Louis; e Faye, que seria sua única filha, nasceu depois do início da Segunda Guerra Mundial. A guerra não acontece apenas em campos de batalha e oceanos; acontece dentro das famílias. George partiu para lutar e voltou um homem diferente.

— Minha mãe me disse que suas amigas comentavam: "Seu marido era um homem tão bom antes de ir para a guerra..."

Ninguém entendia o que era estresse pós-traumático naquele tempo ou mesmo a possibilidade de lesões cerebrais traumáticas. Faye nunca conheceria o homem que seu pai tinha sido... antes que a guerra o deixasse com uma "placa" na cabeça e cicatrizes nos mais profundos recônditos de sua alma. Ele realmente sofreu lesões físicas, mas as emocionais nunca se curaram. Apesar de não ser violento, era instável. Trabalhava em fábricas e como zelador. Enquanto isso, o ministério de Ozie decolava.

Faye olha para trás, para os primeiros sete anos de sua vida, que foram "os mais estáveis que tive, até me tornar adulta". Durante esses sete anos em St. Louis, os Wattleton tinham uma casa geminada grande o suficiente para acomodar vários tios que vieram morar com a família e outros parentes que faziam visitas ocasionais. Faye ficava rodeada de membros do clã, que a mimavam em excesso, com uma vida familiar que parecia, para uma criança, que nunca terminaria.

A vizinhança também a envolvia. Como ainda havia segregação, era um enclave de negros onde havia familiaridade, proximidade e orgulho.

— O médico, o advogado, o operário, todos viviam lado a lado. Frequentei a escola de enfermagem com o filho do médico da nossa família. Se precisasse de xarope para tosse, corria para o outro lado da rua ao consultório médico. Um advogado parava para conversar banalidades com meu tio e tomar um café. Mr. MacElroy, pintor de paredes, vivia três casas abaixo...

Como o "chamado" de Ozie como evangelizadora ditava o curso da família, a vida enraizada e confiável que tinham estava prestes a terminar para sempre. Os Wattleton caíram na estrada em função do ministério itinerante da mãe, apesar de Faye só acompanhar os pais durante os verões. A cada ano letivo, ela mudaria para a casa de uma família diferente, sem poder chamar uma casa de sua por um longo tempo.

— Meus pais estavam na estrada o tempo todo, e, exceto nos verões, quando viajava com eles, eu era deixada com pessoas da igreja para que pudesse ir à escola. Por tradição familiar, a educação era muito valorizada. Minha mãe insistia para que eu permanecesse no mesmo lugar durante o ano letivo. Sua ideia era a de que se eu ficasse na casa de uma pessoa da igreja que fosse professora, seria bem tratada e teria uma educação melhor. Então, do momento em que deixamos St. Louis, no verão seguinte ao fim do meu segundo ano de escola, até que eu começasse o ensino médio, nunca fui à mesma escola por dois anos seguidos. Uma vez, nós realmente ficamos na mesma cidade por dois anos — uma cidade onde só havia brancos, em Nebraska —, mas mesmo assim tive de mudar de escola entre o ensino fundamental e o médio.

— Tentei me adaptar às circunstâncias de mudança, mas houve momentos em que eu só queria poder viver no mesmo quarteirão por vários anos, ter uma bicicleta, ter uma melhor amiga, um animal de estimação. Tive um periquito uma vez, mas ele voou pela janela em Nebraska. Foram os primeiros sete anos de minha vida, quando era rodeada de parentes que me mimavam, do que eu sempre me lembrava para buscar conforto em locais estranhos e solitários.

Orientada por sua dedicação ao ministério e ao exemplo de Jesus de deixar tudo para trás, Ozie não parecia ter a menor ideia de como sua vida nômade era difícil para sua única filha. É claro, ela não tinha abandonado a família literalmente. Mas há muitas formas de se abandonar alguém. Você pode dar as costas para a saudade nos olhos de uma criança, para os lampejos de tristeza e deixar aquela criança sozinha com os sentimentos retidos lá dentro.

Ainda assim, Faye foi uma guerreira valente. Ela terminou o ensino médio aos 15 anos e foi para a faculdade aos 16. Na Ohio State University, graduou-se como enfermeira, algo que sua mãe realmente aprovou. Mas uma profissão centrada no serviço a Deus era o que Ozie queria para sua filha, e isso não aconteceria.

— Minha mãe esperava que eu fosse uma enfermeira missionária em um hospital administrado pela igreja. Desde que eu era pequena, sempre disse que queria ser uma enfermeira missionária. Não me lembro de quando isso se tornou minha ambição.

Faye ensinou enfermagem antes de voltar à faculdade para obter um título em saúde materna e infantil e um diploma de enfermeira/parteira. Um caminho muito diferente se abriu em sua vida quando ela se tornou membro da Planned Parenthood. Ela acabou se tornando diretora executiva da seção local e em 1978 se tornou presidente nacional.

O final da década de 1970 eram anos controversos no tocante aos direitos reprodutivos das mulheres, e Faye estava nas primeiras fileiras dessa controvérsia. A reação de Ozie à presença da filha sob holofotes nacionais era rezar por ela e pedir que outros fizessem o mesmo.

— Ela sentia que eu precisava da presença de Deus em minha vida para mudar meus pontos de vista e meu trabalho. Nem meu pai nem eu jamais fomos devotos o suficiente. Nenhum de nós jamais chegou a seus padrões religiosos. E foi só depois de adulta, examinando minha relação com minha mãe, que fui capaz de entender que nunca tinha atendido aos padrões dela. Ser capaz de avaliar as expectativas dela e minha satisfação com a pessoa que me tornei foi um grande passo para mim. Acho que é quando nos tornamos adultos que começamos a entender algumas das cicatrizes que não fomos capazes de sentir até um tempo depois.

Faye continuou como presidente da Planned Parenthood Federation of America até 1992, no qual o ponto de exaustão lhe trouxe a dolorosa conclusão de que ela tinha de sair. Na época, ela era mãe solteira com uma filha de 16 anos, e tinha se cansado das batalhas e do estresse profissional. Sua filha, Felicia, foi na verdade a pessoa a quem ela confidenciou quando soube o que tinha de fazer. Depois de tomada a decisão e quando o pedido de demissão de Faye se tornou público, Ozie comentou: "Minhas preces finalmente foram atendidas".

❖ ❖ ❖

Ozie hoje tem 92 anos. Ela recentemente voltou a morar no Mississípi, em uma casa que construiu na propriedade original de sua família. Com o tempo e a idade, ela deu alguns indícios de sua própria criação a Faye. Contou à filha e a Felicia há alguns anos, em um café da manhã no dia das mães, que sua própria mãe costumava "chicotear-me por tudo o que fizesse ou não fizesse".

Faye diz: "Ela nos contou que um dia viu o pai tentar abraçar a mãe, e que ela não deixou. Ozie perguntou: 'Mama, por que você não deixa o papai te abraçar?', e a mãe a chicoteou por isso. Quando se tem esse tipo de criação, isso fica arraigado em você. Não me lembro de minha mãe me abraçar. Ela também nunca me bateu, não havia castigo corporal. Mas não conseguia demonstrar afeição. Não da forma como sou carinhosa com minha filha, Felicia. Eu adorava minha mãe quando estava crescendo. Se ela bebesse um copo de água e deixasse água no copo, eu queria beber aquela água, porque o gosto era melhor do que o do meu próprio copo. Amava vê-la pregar e ver a reação das pessoas. Era como ser filha de um astro de *rock*. Ela era uma estrela na igreja".

Agora, diz Faye, ela tem a melhor relação que já teve com a mãe. Em parte, acredita, porque a mãe tem mais de noventa anos. Mas principalmente porque Faye aceitou que a mãe sempre será como é.

— Na idade dela, talvez haja uma vulnerabilidade que faça com que ela se oriente de uma forma diferente em relação às outras pessoas. Minha mãe é muito mais conciliatória comigo agora do que há cinco ou dez anos. Mas ela ainda é uma fortaleza. Quem construiria uma casa no interior do Mississípi aos 92 anos? Por alguma razão, ela parece estar em paz agora com a ideia de não me criticar. Se minha saia está muito curta, ela não comenta. Acho que ela finalmente aceitou que eu nunca vou tocar piano nos cultos como ela previa, que não me tornei missionária na África, não vivi a vida que ela imaginou para mim. E também é bom saber que o que fiz e muito do que faço nunca serão o que ela quis para mim.

Pode ser que toda relação entre mãe e filha seja, em última análise, um jogo de luz e sombra. Algumas têm mais sombra, outras são banhadas de uma luz cálida. Mas fazer as pazes com a própria história significa aprender a caminhar com mais facilidade pelas sombras.

— Em minha própria mente, estou em paz com o fato de saber que isso tudo sempre será assim — diz Faye. — E esse é outro marco, porque todos temos o desejo primal de proximidade, intimidade, com nossos pais. Quando você finalmente coloca o fardo de lado e diz "É assim que as coisas serão e não posso fazê-la nascer de novo", é muito libertador. Tenho orgulho de quem sou, do que fiz e de minhas contribuições, e lamento que ela não consiga entender completamente o impacto que minha vida e minha carreira têm em um mundo muito mais amplo do que o mundo *dela*.

Há certas coisas que, independentemente de quão conturbado tenha sido nosso caminho com nossas mães, vêm à superfície e nos consolam. Faye diz: "Não acho que seria quem sou ou teria realizado o que realizei se não fosse por ela".

Parte disso, como diria um psicólogo, é resultado da separação entre ela e a mãe. Mas Faye também pode ver os elos da cadeia, não só como quebrá-los.

— Aprendi a me expressar com minha mãe. E aprendi a ser organizada e bem preparada. Minha mãe, que nunca fez faculdade, estudou a Bíblia com uma concentração quase talmúdica. Ela conseguia, e de certa forma ainda consegue, dizer de onde uma passagem ou um versículo foram retirados. Se eu citasse algo, ela diria: "Veja em Lucas 5', ou o que quer que fosse. Isso é resultado de décadas de estudo aplicado da Bíblia, por quatro, cinco horas por dia. E ela era capaz de fazer isso tanto com o Velho como com o Novo Testamento. Foi um modelo para mim de sempre estar preparada e bem informada sobre a profissão que se escolhe. De sempre buscar conhecimento.

❖ ❖ ❖

Há um versículo bíblico que sempre me vem à mente conforme ouvia a história de Faye sobre sua vida com a mãe, Ozie. Começa com a frase *Como em espelho, obscuramente...*

Tive de fazer uma busca pelo Google para encontrar isso na Bíblia — Ozie teria vergonha de mim! Está em Coríntios 1, capítulo 13, versículo 12:

> *"Agora, vemos como em espelho, obscuramente; então, veremos face a face. Agora conheço em parte; então, conhecerei plenamente, como também sou conhecido".*

Queremos conhecer nossos pais, e queremos que eles nos conheçam. Mas às vezes temos de nos contentar com sombras, espelhos escuros e relances que começam a vir com o tempo. Nesses relances — essas aberturas estreitas — começamos a ver nossas mães com um formato diferente, um molde diferente. Só então podemos ver como *nós* nos encaixamos nesse molde e, como diz Faye, "estamos bem com isso".

Lily Tomlin

Ganhou diversos prêmios Tony e Emmy assim como um Grammy em seus quarenta anos de carreira. Ela passou a integrar o *Rowan & Martin's laugh-in* em 1969 e seus personagens se tornaram imortais. Atuou em muitos filmes, incluindo *Nashville* (pelo qual foi indicada ao Oscar) e *Como eliminar seu chefe*. Também participou das séries de TV *Murphy Brown, Will & Grace* e *The search for signs of intelligent life in the universe.*

Capítulo 8

A primeira coisa que Lily Tomlin me conta sobre sua mãe é que ela morreu há pouco tempo, aos 91 anos de idade, e que acredita que foi cedo demais.

— Ela realmente adorava a vida — diz. — Apesar de não estar bem fisicamente, sei que ela não estava pronta para partir.

◆ ◆ ◆

Lillie Mae Ford nasceu no Kentucky, em uma família de agricultores, uma das poucas famílias prósperas o suficiente para ter energia elétrica. Era o início dos anos 1900, quando ainda havia vastas faixas de terra cultivável nos Estados Unidos. Crianças naqueles amplos espaços abertos miravam campos, terra e fileiras de culturas agrícolas para devanear sobre cidades iluminadas.

Lillie Mae acabaria se mudando para uma dessas cidades — Detroit — quando se casou com Guy Tomlin, também sulista mas um garoto de origem mais pobre. A mãe dele falecera quando ele era criança, o pai era alcoólatra e eram em nove irmãos. "Um garoto selvagem do campo" é como Lily descreve o início da vida de seu pai.

Recém-casados, Lillie Mae e Guy mudaram-se para a metrópole em meio à grande depressão. Eles tinham Lily e seu irmão, Richard, e as duas crianças pareciam se movimentar pela vida como se fosse uma aventura interessante e interminável.

— Éramos uma família de operários — diz Lily. — Vivíamos em um apartamento grande e antigo em Detroit. Sei que tirei alguns de meus personagens dali. As pessoas daquele edifício eram engraçadas, tristes, queridas, nobres, afetuosas... eu as amava. Meu pai trabalhava em uma fábrica, bebia muito, como os homens sulistas daquela época costumavam fazer. Ele era muito urbano, porém: usava chapéu, camisa branca e paletó para trabalhar toda manhã. E sapatos Florsheim: ele adorava aqueles sapatos Florsheim. Ele trocava de roupa na fábrica. Minha mãe era a força estabilizadora da família. Ela adorava ser mãe e dona de casa. Estava sempre assando e cozinhando e experimentando novas receitas. Tinha abandonado seu grupo da igreja e suas amigas pelo clube das donas de casa.

Lily ri diante da lembrança do "bolo de jujubas" de sua mãe — os doces derretendo em rios de açúcar conforme o bolo assava. Outra de suas criações era apelidada de "bolo lambida de porco", porque era "tão absurdamente bom", diz Lily. É uma receita que seu irmão, Richard, ainda faz.

Apesar de sua ligação com a casa, a mãe decidiu, quando Lily tinha doze anos, que queria trabalhar — uma ideia não muito popular ou facilmente aceitável na época. Reafirmando um traço de independência que provavelmente corre nas veias de toda mulher do Sul, Lillie Mae se candidatou a um emprego no hospital local como auxiliar de enfermagem.

— Meu pai não gostou muito disso. Era uma coisa muito possessiva: "Minha mulher não vai trabalhar".

Mas Lillie Mae conseguiu. Ela queria ter o próprio dinheiro para comprar boas roupas, assim como coisas para a casa. Rapidamente foi promovida do cargo de auxiliar de enfermagem para o de preparadora de comida para bebês no berçário do hospital. Lily diz: "Ela adorava estar com bebês e preparar essas fórmulas. Ela era muito feliz ali".

Essa vida fora de casa seria muito útil também, já que Lillie Mae se veria viúva com apenas 54 anos. Ela nunca se casou novamente depois que Guy morreu, aos 56 anos, mas continuou ocupada fazendo trabalho voluntário e nunca perdeu o que Lily chama de "senso de diversão" e o entusiasmo por estar com outras pessoas.

❖ ❖ ❖

A pergunta óbvia a se fazer a Lily Tomlin é: "Seu humor, seu talento para a comédia, vieram da mãe?".

— Quem me dera. Minha mãe era muito mais engraçada do que eu jamais serei — diz. — Acho que só apreciei realmente o humor e a inteligência de minha mãe quando tinha cerca de trinta anos, quando gravei uma conversa dela com alguns parentes.

Lily já estava fazendo *Laugh-in** nessa época. Seu pai morrera havia pouco tempo e ela levou a mãe e outros membros da família para Los Angeles. Durante alguns dias, gravou as conversas dela, e foi então que se deu conta de como sua mãe era engraçada.

Lillie Mae, entretanto, sempre soube que sua filha era inteligente. Lily conta a história de uma determinada festa de halloween, quando ela tinha cerca de treze anos, que se tornou tão presente no imaginário da família Tomlin que depois de cinquenta anos sua mãe ainda a trazia à baila.

— Em nosso prédio de apartamentos havia máquinas de lavar roupa antigas no porão e não havia secadoras, então as pessoas penduravam as roupas em varais para secar. O superintendente e sua esposa tinham um metro e meio de altura e noventa quilos. Muito baixinhos e gordinhos. Minha amiga Susie e eu vimos o macacão do sr. Yontz dependurado no varal e ambas tivemos a mesma ideia: cada uma colocar as duas pernas em uma das pernas do macacão (as calças eram tão largas que mesmo assim conseguíamos andar) e ir à festa de halloween como gêmeas siamesas... e foi o que fizemos. Minha mãe ficava perguntando: "Foi você quem roubou o macacão do sr. Yontz? Foi você, né?". E nunca admiti. Pelo resto da vida, a cada cinco ou seis anos, ela dizia: "Sei que foi você quem roubou o macacão do sr. Yontz naquele halloween". Nunca admiti.

---

* Programa humorístico exibido originalmente no canal NBC de 1968 a 1973. Era formado de esquetes e comandado por Don Rowan e Dick Martin. (N. da T.)

Lillie Mae tinha um segredo mais sério sobre si mesma, mas quando Lily conta a história ainda assim parece engraçada. A impressão que se tem é que na casa dos Tomlin quase tudo acabava sendo engraçado no final.

—Quando eu tinha uns dez anos — ela diz — meu avô, o pai de minha mãe, morreu e nós voltamos ao Kentucky para o enterro. Naquele tempo, no interior, eles deixavam o corpo na casa para que as pessoas da região pudessem prestar seus cumprimentos. Era muito comum ter um corpo na sala, na cozinha ou em algum outro cômodo, com tudo arrumado para a "exibição". Eu tinha machucado o pé naquele verão, portanto estava mais ou menos confinada, e participava de tudo na casa de minha avó. Encontrei uma velha Bíblia da família, com toda a história sobre nosso clã escrita nela. Em uma das páginas havia algo sobre um casamento entre minha mãe e alguém que não reconheci. Levei para ela e disse: "Mamãe, quem é esse?".

— Minha mãe pegou uma caneta e começou a riscar o nome. Ela disse algo como "Ah, é só uma coisa boba de muito tempo atrás que minha irmã escreveu; ela sempre achou que eu fosse casar com esse rapaz".

—Acho que ela simplesmente não queria que soubessem que ela tinha sido casada antes. Meu pai deveria ser o único homem da vida dela. Quando voltamos a Detroit, tentei perguntar a meu pai sobre isso e ele disse: "Vá perguntar para sua mãe". Nunca soube a história toda. Se ela não queria lhe dizer alguma coisa, não dizia. Na verdade, acho que isso tinha a ver com sexo. Ela queria que todos pensassem que não houvera ninguém além de meu pai.

❖ ❖ ❖

Detroit é uma cidade violenta, e o bairro dos Tomlin era particularmente agressivo. Tanto Lily como o irmão aprenderam as manhas da rua e a ser precoces; Lily admite que sua mãe tinha pouco "controle materno" sobre eles. Mas felizmente suas aventuras eram mais artísticas do que ilegais.

— Costumávamos frequentar brechós. Meu irmão, quando era bem novo, com doze ou treze anos, comprou um *smoking* e passava metade da noite, depois que todo mundo tinha ido dormir, redecorando a sala de estar. Ele queria que se parecesse com um *penthouse* de Nova York, algo glamouroso. Ele colocava tecidos brancos transparentes nas janelas, ligava o ventilador para que eles balançassem, mudava a mobília de lugar.

Qual a reação de Lillie Mae?

— Ela deixava. Mas certa noite ele serrou o sofá em três pedaços porque queria um modelo seccionado — diz Lily.

E qual a reação de Lillie Mae a isso?

— Bem, ela ficou estupefata. Mas o fato é que ele fez isso muito bem. Ele colocou alguma coisa sobre as partes serradas e assim não dava para ver; depois organizou os pedaços artisticamente na sala. Minha mãe reuniu as peças novamente e colocou-as encostadas na parede como um sofá convencional. Mas, pela manhã, ele as reorganizou de novo.

A mulher cujo currículo culinário incluía bolo de jujubas não conseguia ficar zangada diante da insistente criatividade de seu filho em se tratando de decoração doméstica. O que diz muito sobre a apreciação de Lillie Mae em relação ao talento e ao humor extravagante.

Depois da morte de Guy, Lily comprou uma casa para a mãe no Kentucky; anos depois ela se mudaria para a Califórnia por um tempo e no final para Nashville, onde morreu. Lillie Mae sofria de osteoporose severa; tinha fraturado o quadril de ambos os lados, mas já havia se recuperado, e estava perdendo a audição. Lily, porém, diz que seu espírito nunca enfraqueceu... ela ainda amava a vida.

◆ ◆ ◆

Há uma teoria de que a pessoa que tiver de estar ao lado de outra na hora da morte estará. Da mesma forma, a pessoa que *não tiver* de estar ali, estará em outro lugar — em outro Estado ou mesmo em outro cômodo.

Quando Lily viajou a Nashville naquela semana, não estava pensando que seria o fim da vida de sua mãe. Ela tinha uma folga de três dias da filmagem de *A última noite* em Minnesota e resolveu fazer-lhe uma visita. Mas às seis da manhã, tendo apenas a filha ao seu lado (Lily tinha deixado a enfermeira ir descansar), Lillie Mae faleceu.

— Eu tinha imaginado o momento — diz Lily — e pensei: "Não vou deixá-la partir. Vou fazer com que fique viva. Vou dizer para ela não ir". Mas não pude fazer nada.

Ao ouvir as memórias de Lily sobre a mãe, fica claro que Lillie Mae não se afastou muito. Ela está lá na risada e na afeição que aspergiu sobre cada história, cada lembrança.

— Ela costumava escrever bilhetes e cartas do tipo "Levante-se e sinta o cheiro do alho. Eu experimentei as rosas e não funcionou" — diz Lily. — E ela adorava que tivéssemos o mesmo nome, ou quase. Dizia que era mais fácil conseguir marcar hora em salões de beleza.

O riso é duradouro — imortal, diriam alguns. Ele afrouxa as costuras entre a vida e a morte. Nós nos agarramos a quem riu conosco, a quem descobriu que a vida é muito divertida; e o tempo não consegue afrouxar isso. É possível sentir falta de pessoas e ainda sentir que estão bem aqui, a uma batida de coração de distância. Quando se ouve Lily falar da mãe, você ouve tudo isso — a falta, a tristeza, o amor, o riso e a diversão. Lillie Mae viveu uma vida rica — uma vida que não se extinguiu com a morte.

Carnie Wilson

É cantora e apresentadora de televisão. Foi cofundadora do grupo musical Wilson Phillips com a irmã, Wendy, e sua amiga de infância Chynna Phillips. Elas gravaram dois álbuns e tiveram seis compactos entre os vinte mais vendidos. Também gravou discos solo. Entre 1995 e 1996, Carnie apresentou seu próprio *talk show* e escreveu vários livros.

Capítulo 9

Imagine ser filha de uma lenda musical, de um homem cujas canções — cujo gênio — inspiraram artistas famosos como os Beatles. Imagine que o uso de drogas e os problemas emocionais de seu pai sejam igualmente lendários, que notícias circulem o tempo todo sobre o que acontece dentro de sua casa. Ou fora — diz uma história que certa vez Paul McCartney esperou por uma hora na calçada para que Brian Wilson despertasse de um período de inconsciência e se lembrasse de que tinha um compromisso.

Mas imagine que dentro de casa um drama familiar se desenrole: um pai que, como ele próprio admite, não sabe ser pai, e uma jovem esposa que tenta proteger as duas filhas da tristeza de um casamento fracassado.

Bem-vindo à infância de Carnie Wilson.

— Gosto muito de poder falar sobre minha mãe — ela me disse. — Todos sempre querem falar comigo sobre meu pai, mas ela tem sido meu esteio. E sem ela eu não teria sido capaz de entender meu pai nem ter um relacionamento com ele hoje.

❖ ❖ ❖

Marilyn Sandra Rovell tinha catorze anos quando conheceu Brian Wilson dos Beach Boys. Ele tinha dezoito. Ela subiu ao palco com uma xícara de chocolate quente; ele deu um golinho, derrubou tudo e se apaixonou. Dois anos depois, ele a pediu em casamento. Aos dezesseis anos, Marilyn se tornou a sra. Brian Wilson.

— Os pais dela o adoravam — diz Carnie. — Confiavam nele. Por isso é que deixaram que ela se casasse tão nova. E ele os adorava. Meus avós eram aquele tipo de família judaica coesa, muito cordial, estruturada e amorosa. Meu avô materno era um vendedor de aspirador de pó da Prússia ocidental que escapou do holocausto a pé, e minha avó nunca aprendeu a dirigir um carro. Ela era ótima cozinheira e discutia com o marido em iídiche. Eles tratavam meu pai tão bem, com tanta afeição! Ele adorou a simplicidade, a pureza daquela família. Era um lugar onde ele não sentia culpa ou vergonha, onde se sentia confortável.

Tudo o que a família de Brian não era. A casa dos Wilson transbordava e se inflamava de tirania, raiva e humilhação. Murray Wilson tem o crédito de ter sido o gênio por trás do sucesso dos Beach Boys, mas também de maltratar tanto seu sensível filho mais velho que, incapacitado pela vergonha, enviou-o, cambaleante, direto para os braços das drogas.

Quando Brian conheceu Marilyn, ele não só se apaixonou por *ela*, mas por uma família que parecia a paz para ele, algo que ele nunca conheceu.

♦ ♦ ♦

Marilyn tinha vinte anos quando Carnie nasceu; um ano e meio depois, deu à luz Wendy. "Mas, na verdade, ela tinha três crianças para criar", diz Carnie sem rodeios. "Meu pai se isolava cada vez mais, tomava tantas drogas, mergulhava em seu próprio mundo... que para minha mãe era como ter um terceiro filho. Ela se sacrificou muito, mas ficou à altura da tarefa. Minha mãe sempre foi madura — ponderada para a pouca idade. Estávamos nos anos 1960, então ela ainda queria se divertir, mas tinha de lidar com a situação em casa, que era realmente difícil."

Carnie se lembra de ter apenas cinco ou seis anos quando Marilyn explicou-lhe que seu pai era um gênio, mas também um viciado em drogas em busca de algo maior, algo espiritual, e que enveredara pelo caminho errado nessa procura. Ele achava que as drogas seriam sua libertação, seu indulto das feridas do passado; em vez disso, eram apenas outra prisão.

Ela disse à filha: "Ele ama você, mas não consegue ser como os outros pais. Ele não consegue ser o pai que você quer que ele seja. Não sabe como fazer isso".

— Eu definitivamente queria a atenção dele e não conseguia — admite Carnie. — Ninguém conseguia, realmente. Eu vi a auto-indulgência dele ainda muito jovem, na infância, e comecei o meu próprio padrão de adição com comida e açúcar. Mas mesmo que a situação em casa fosse realmente trágica de várias formas, nós também nos divertíamos muito. Estávamos cercadas de criatividade, de música; subíamos ao palco com os Beach Boys, tínhamos muitos amigos, íamos esquiar no inverno...

Acima de tudo, Carnie era fortalecida pela ênfase que sua mãe colocava em sempre tentar ver as coisas pelo lado bom, pelo lado espiritual, pelo lado agradável — uma atitude de "copo meio cheio" à qual Carnie atribui sua saída da espiral negra que ameaçava derrubá-la.

Podemos nos afogar de várias maneiras — nos vícios, nas mágoas, nos arrependimentos — mas se a pessoa que nos deu à luz é quem nos puxa para fora da "água", o instinto de sobrevivência se torna nossa herança.

— Eu era realmente nova quando minha mãe começou a conversar comigo sobre carma, sobre a importância de ser boa e positiva, e de viver uma vida saudável, uma vida de amor. É o mesmo que faço hoje com minha filha, Lola, e ela tem apenas dois anos e meio. Isso é algo que veio de minha mãe.

Carnie tinha cinco anos quando começou a ganhar muito peso e a ser cruelmente importunada por isso na escola. Marilyn instintivamente encontrou o equilíbrio entre o amor protetor e a orientação parental.

— Ela me abraçava enquanto eu chorava — relembra Carnie — e me dizia que aquelas crianças estavam me importunando em razão de sua própria infelicidade e porque alguém as tinha ensinado a fazer isso. Ela dizia que o que importa é quem você é por dentro e me falava: "Você é uma pessoa bonita e amável, nunca se esqueça disso". Mas então dizia: "É importante que você seja saudável, porém. É importante que você comece a cuidar de sua saúde agora, porque, se não fizer isso, a cada ano será mais difícil". Então anualmente eu ia ao médico e seria assim: "Carnie, você tem que segurar essa barra".

— Meu peso sempre foi meu calcanhar-de-aquiles. Minha mãe lidou com isso e tentou me ajudar, de uma maneira cheia de amor. Ela estava tentando se manter inteira em um casamento que ruía, enquanto me apoiava e me ajudava a permanecer saudável.

Marilyn e Brian se divorciaram quando Carnie tinha onze anos. Carnie, Wendy e Marilyn se mudaram da casa de Bel-Air para começar uma nova vida sem Brian. Mas, diz Carnie, a ruptura foi sem amargura ou rancor. Marilyn fez o que pôde para isso.

— Meus pais eram muito apaixonados, e quase sinto que ainda são. Isso é ótimo para um filho de pais divorciados se apegar. Fico triste pelas pessoas de famílias divorciadas nas quais houve uma ruptura negativa e cheia de animosidade. É muito doloroso pensar que os pais não se gostam. Graças a Deus não tive isso. Eles se amavam, mas não conseguiam viver juntos porque meu pai estava muito doente e o ambiente não era saudável.

Marilyn era então uma jovem divorciada com duas filhas — um papel difícil para qualquer um. E depois, ela namorou? Como isso foi encarado?

— Ela realmente namorou — diz Carnie. — E era estranho para Wendy e eu. Mas ela era muito aberta a respeito. Conversava conosco e dizia: "Quero encontrar o amor novamente; é bom que eu esteja namorando, é normal, é saudável. Mereço ser amada e encontrar alguém que possa amar". Então Wendy e eu entendemos, mas é claro que todos já tinham conhecimento de que ela namorava. A gente se esgueirava e espiava. Lembro-me de espiá-la às vezes no quarto com um namorado.

Há algo único em relação a jovens mães com filhas — elas tendem a crescer juntas.

— Há um laço muito especial entre minha mãe, Wendy e eu — diz Carnie. — Sempre fui a irmã mais velha que protegia a mais nova, mas a proteção entre nós era recíproca. Era uma união muito forte, e ainda é.

Marilyn está casada novamente, agora, com um homem com quem "ela se diverte muito e que a protege bastante", diz Carnie.

Brian também se casou de novo e Carnie acredita que sua esposa o ajudou a entrar novamente no mundo que havia abandonado — o da música e das turnês —, o mundo que ele nasceu para habitar.

— Minha mãe é muito forte e orgulhosa. Seu passado tem um toque de dor, mas ela tem orgulho do que fez com ele. Ela se orgulha do fato de literalmente ter salvado a vida de meu pai. Ela o manteve vivo. Se não fosse por ela, ele estaria morto. E, independentemente de quem esteja casado com eles agora, eles tiveram, e ainda têm, esse amor realmente forte.

A maneira mais significativa que Marilyn vive em Carnie é em seu compromisso de encontrar algo positivo e esperançoso em qualquer situação, a despeito das adversidades.

— Eu olho para mim quando algo vai mal — diz Carnie —, procurando pelo que há de bom, dizendo-me que tem de haver alguma esperança na situação, mesmo que não consiga enxergar na hora. Isso veio de minha mãe. Ela é como uma pequena onda de calor. Quando ela entra em uma sala, as pessoas sentem a energia e querem conhecê-la e se aproximar dela. Seu calor é realmente impressionante. Ela é tão real, não há falsidade ou superficialidade nela.

◆ ◆ ◆

Famílias podem se decompor por muitas razões; o divórcio geralmente não tem nada a ver com isso. A separação acontece porque os corações se afastam um do outro. Marilyn não deixou que isso acontecesse com sua família.

— Tenho muito orgulho de meu pai — diz Carnie. — De como ele reconstruiu sua vida, voltou a compor, a se apresentar. Aprendi muito com ele sobre sobrevivência e força. Sei que ele se sente culpado em relação aos anos em que não pudemos contar com ele, mas valorizo nossa relação agora.

É fácil para uma filha se enfurecer com um pai que não lhe dá a atenção de que precisa. E é difícil aceitar e adotar a ideia de que ele realmente está fazendo o melhor que pode — que determinadas circunstâncias o tornam indisponível, que ele não está tentando se afastar por insensibilidade ou crueldade. Carnie teve sorte — teve a orientação da mãe para poder enxergar sua infância ao lado do pai e lembrar-se de que ele sempre amou as filhas, mesmo que não conseguisse demonstrar.

Há muito tempo, uma criança com sobrepeso chorava nos braços da mãe depois de ser ridicularizada e agredida na escola. "Quem você é se define por seu interior", disse-lhe a mãe. "Dentro de seu coração."

Aquela criança cresceu sem esquecer essa lição, sem se esquecer de olhar no coração das outras pessoas pelo que *realmente* são. Marilyn Rovell Wilson ensinou bem a filha; é uma lição que manteve a família unida entre si pelo amor, mesmo nos piores momentos.

Mariel Hemingway

É atriz e escritora. Seu primeiro papel foi no filme *A violentada*, de 1976, com sua irmã Margaux. Foi indicada ao Oscar por seu papel em *Manhattan*, de Woody Allen, estrelou inúmeros filmes, incluindo *As parceiras* e *Star 80* — a história de Dorothy Stratten. Mariel também coestrelou muitos programas de televisão e escreveu dois livros.

Capítulo 10

Na infância, Mariel passava muitas horas "sentada sobre a neve acumulada sob uma cerca" do lado de fora da casa da família em Idaho, esperando que alguém desse por sua falta e viesse procurá-la. Ninguém nunca o fez; e a cada vez, depois de uma hora ou duas, ela voltaria para dentro, para a única vida que conhecia: cuidar da mãe, que foi diagnosticada com câncer quando Mariel tinha onze anos.

— Eu era a única pessoa que cuidava de minha mãe. Minhas irmãs eram muito mais velhas; não estavam sempre por perto. E meus pais realmente não se davam bem, então meu pai propositalmente não ficava muito por perto também. Ele sempre ia pescar.

◆ ◆ ◆

Byra Louise Whittlesey, conhecida como Puck, conheceu Jack Hemingway depois que seu primeiro marido, piloto de combate na Segunda Guerra Mundial, foi abatido nos ares. Os dois eram casados havia apenas nove meses quando ele foi morto, tempo curto demais para que chegassem realmente a se conhecer. Então, para Puck, seu marido morto se tornou mítico: o homem perfeito, o parceiro perfeito, o amor de sua vida... e a tragédia de sua vida. Como ela própria admitiu, nunca se apaixonou profundamente por Jack — mas finalmente se apiedou e concordou em se casar depois que ele a perseguiu apaixonadamente.

Puck era excelente cozinheira, um talento que Jack cultivou enviando-a à renomada escola Le Cordon Bleu para se aprofundar nos estudos.

A irmã mais velha de Mariel, Joan, nasceu em 1950; Margaux, em 1954. Mariel não veio até 1961 — resultado, como sua mãe lhe disse secamente, de uma noite de bebedeira.

— Minha mãe era muito nervosa, muito amarga — diz Mariel. — Acho que ela se sentia trapaceada pela vida, com a morte de seu primeiro marido, com o casamento com meu pai, por quem ela não era realmente apaixonada. Passei muito tempo defendendo-a, porque ninguém a via da mesma forma que eu. Houve momentos de carinho e amor e sempre acreditei que eram indícios de quem ela era realmente.

Tentativas de fazer coisas normais, como convidar amigos para visitar nossa casa, não davam bons resultados. "Ela era realmente desagradável com os amigos que eu trazia em casa", diz Mariel gentilmente. "Era ciumenta. Nunca disse isso, mas sabia que ela pensava: 'Sua amiga sou eu'. Ela não queria me dividir com ninguém, por isso era tão chata. Mas tudo o que as outras pessoas viam era sua raiva. Era muito triste, porque sempre pensei: 'Por que ninguém consegue ver o lado doce dela?'"

Mas quando *Mariel* enxergou isso?

— Acho que exagerei esses momentos — admite. — Tornei-os maiores do que realmente eram, ou lembrei-me deles com mais frequência do que aconteceram. Tenho uma lembrança muito clara de deitar minha cabeça no peito de minha mãe e de ter sua mão em meu rosto. Lembro-me disso como se tivesse acontecido várias vezes, mas sei que, na verdade, provavelmente só aconteceu uma vez. Mas foi tão grandioso para mim! Assim como nas vezes em que ela me agradeceu ou me elogiou.

❖ ❖ ❖

Carl Jung disse que "As crianças são educadas pelo que os adultos são e não pelo que dizem".

A realidade de Mariel era a prisão da doença de sua mãe, uma prisão que a trancou, também, como filha obediente, de quem se esperava cuidar da mãe, limpá-la, assisti-la, distraí-la. Mas ela encontrou maneiras de escapar. Enquanto Puck nunca saía de casa, sua jovem filha fazia as trilhas do Idaho, às vezes na neve profunda, quase sempre sozinha, encontrando refúgio e proteção na natureza. Ela descobriu a calma ali, e nessa calma Mariel começou a forjar uma compreensão profunda do desamparo da mãe.

— Jurei que nunca seria assim — diz Mariel. — Minha mãe se via como uma pessoa doente, então assim foi. Ela construiu essa *persona*, e não sabia como se livrar dela. Sei que não gostava de ser como era — uma mulher amarga, ríspida —, mas ela não conhecia outra maneira de viver, pois estava trancada por dentro.

Conforme envelhecemos, compreender o pai ou a mãe se torna uma dança entre experiência e sensibilidade. Usamos a sensibilidade para suavizar as extremidades duras de nossas experiências de tempos atrás. Mas Mariel parece ter tido uma sensibilidade incomum, mesmo quando era apenas uma garotinha, apesar de nunca dizer isso sobre si mesma.

— Aos doze anos, comecei a rezar para que Deus deixasse minha mãe viver. Eu realmente acreditava que minhas orações a manteriam viva. Eu dizia "Deus, você precisa salvá-la". Sabia que a pessoa que Ele salvaria era a pessoa profunda. A pessoa boa e doce que às vezes emergia. Apesar de tudo, eu a amava desesperadamente.

◆ ◆ ◆

Assumir, aos onze anos de idade, a responsabilidade de cuidar de uma mulher muito doente — limpar seu vômito, seu sangue; dormir no mesmo quarto, assisti-la constantemente — é um castigo para uma garota jovem. Mas as crianças só conhecem a realidade que as cerca, e Mariel aceitou a sua. Ela não tinha se dado conta ainda de que outras casas eram dramaticamente diferentes — que essas coisas não eram esperadas de outras crianças.

Foi só quando conseguiu seu primeiro papel no cinema, aos treze anos, em *A violentada*, ao lado da irmã

Margaux, que percebeu como sua vida era diferente. O filme surgiu em uma época em que o câncer de Puck estava em remissão.

— Fui a Los Angeles fazer o filme e minha mãe me acompanhou — diz Mariel. — Com toda a atenção que recebeu de todos no *set*, ela ficou mais feliz do que nunca, e fui pega totalmente desprevenida. De repente eu não tinha mais de cuidar dela e realmente não estava mais nem um pouco preocupada. Na verdade, fui criança pela primeira vez em muito tempo. Aqueles dois meses em Los Angeles foram gloriosos, mas quando voltamos a Idaho, surgiu outro câncer. Senti que de alguma forma a culpa era minha. Tinha fracassado; não tinha rezado por ela. É isso o que acontece com as crianças quando ninguém se comunica com elas: se culpam por tudo.

Sua próxima jornada para longe de casa seria sem Puck. Mariel foi a Nova York para filmar *Manhattan*, de Woody Allen. De repente, as pessoas estavam prestando atenção nela, ouvindo-a, tratando-a como se o que ela tivesse a dizer importasse. Aos dezesseis anos, ela relembra que: finalmente sentia que podia respirar. "Acho que sabia que sair de casa era crucial para minha sobrevivência. De outra maneira, eu me perderia."

◆ ◆ ◆

De várias formas, parece que aquela viagem a Nova York foi o ponto de virada. Mesmo ainda tendo de continuar o desafio de desenredar-se dos padrões sob os quais havia crescido, Mariel começou a traçar seu próprio caminho, que tinha a ver com saúde, crescimento espiritual e felicidade.

— Era difícil sentir que eu merecia ser feliz — ela admite. — Foi trabalhoso. Eu via a influência de minha mãe sobre mim, a ideia de que a vida era quase sempre infelicidade, com alguns momentos de alegria que se impunham. Eu tinha de negar isso e dizer: "Não. A vida é feita para ser alegre e às vezes momentos tristes se apresentam".

Puck nunca se libertou de seus próprios padrões de raiva, infelicidade e ciúme. Quando Mariel se apaixonou por Stephen Crisman, com quem foi casada por 25 anos, sua mãe foi terrivelmente cruel com ele. "Ela o odiava", diz Mariel, "mas era a mesma coisa de querer-me toda para ela, e não querer que eu encontrasse a felicidade com outra pessoa."

A primeira filha de Mariel tinha apenas oito meses quando Puck morreu.

— Um dia antes de morrer, minha mãe me disse: "Quero que você saiba que realmente é uma boa mãe e uma boa esposa. Vejo isso, e vejo como você é feliz". No dia seguinte, meu pai me ligou às 4 horas da manhã. Antes que falasse, eu sabia o que ele tinha a dizer: ela havia morrido. Tenho certeza de que ela pressentiu que o fim estava próximo e foi por isso que me disse o que disse.

◆ ◆ ◆

Nunca ficamos, como filhas, longe demais de nossas mães, mesmo depois que elas morrem. Quando Stephen foi diagnosticado com câncer, a infância de Mariel cuidando de Puck emergiu diante dela como uma sombra que tinha, durante anos, estado em repouso.

— Pensei: "Não consigo fazer isso de novo... Mas estou fazendo isso de novo". E de várias maneiras fiz parecer que tinha a ver comigo. Vejo isso agora. Stephen se recuperou, mas teve câncer pela segunda vez e então lidei com isso de outra maneira. Não se tratava de eu estar desempenhando um papel que já conhecia; tratava-se dele e de como ele queria tratar sua doença. Ele está livre do câncer há quatro anos agora, e há algo realmente belo em ter completado o círculo e ter chegado à cura em tantos níveis diferentes.

Mariel encontrou em si mesma uma gratidão profunda pelas lições deixadas pela mãe, mesmo as que são marcadas pela dor. Ao testemunhar uma vida acorrentada à doença, ao entender o narcisismo peculiar que enreda uma pessoa envolta em doença, Mariel se comprometeu com a saúde em muitos níveis — espiritual, emocional e também físico.

— Eu realmente tento olhar além da superfície para a verdade de quem uma pessoa é e tenho compaixão. É assim que todos querem ser vistos. Mas alguém como minha mãe não sabe como revelar essa parte de si. Suas feridas ficaram tão profundas que passaram a defini-la.

Ao ver com que facilidade a felicidade pode ser mantida afastada da vida de alguém, Mariel foi ensinada sobre atenção e alegria.

—Certa vez, observando minhas duas filhas brincando, ainda tão pequenas e tão felizes, me flagrei sentindo-me mal porque a alegria era tão fácil para elas. Percebi que era assim que minha mãe se sentia o tempo todo e não quis ir por aí. Nunca quis ser assim.

❖ ❖ ❖

Às vezes o melhor que podemos fazer é reunir os fios de nosso passado, tecendo-os de outra forma para que mais luz possa entrar. Mariel é prova disso.

A garotinha que se sentava na neve esperando que alguém a procurasse estava aprendendo algo vital sobre todas as pessoas, apesar de não perceber na época. Há uma parte de cada um, metaforicamente falando, que se esconde em um monte de neve, esperando que alguém a resgate. Viver com essa consciência, saber que somos todos parecidos nesse sentido, é viver com compaixão pelos outros.

Puck pode não ter sido capaz de encontrar essa compaixão em si mesma, mas, apesar disso, passou adiante como legado para sua filha mais nova.

Candice Bergen

É atriz, vencedora dos prêmios Globo de Ouro e Emmy. Mais conhecida por seu papel de Murphy Brown, protagonista da longa série de mesmo nome, atualmente atua como Shirley Schmidt em *Boston legal*. Candice também escreveu artigos, uma peça de teatro e um livro de memórias. Trabalhou como fotojornalista. Atuou nos filmes *Ânsia de amar*, *Encontros e desencontros* e *Miss simpatia*.

Capítulo 11

Tenho uma lembrança de infância de Candice — eu devia ter cerca de nove ou dez anos. Meus pais tinham me levado a uma reunião à noite que acredito (apesar de não me lembrar exatamente) ter sido na casa dos Bergen. Estou em pé no quintal, olhando na direção da casa para um pátio de pedra, onde Candice — alguns anos mais velha do que eu — está sentada com uma postura elegante, conversando com vários adultos. Achei que ela fosse a coisa mais próxima de uma princesa que já vira. Era bonita, refinada, educada e estava perfeitamente vestida. Sempre me senti desajeitada e estranha, e nada do que vestia parecia ficar bem. As mães daquele círculo social sempre consideraram Candice uma filha exemplar, a garota em quem devíamos nos espelhar. Poucas de nós conseguíamos.

Agora, é claro, muita gente sabe que a vida na casa dos Bergen era um pouco, digamos... peculiar. Charlie McCarthy, o boneco de madeira que ficou famoso graças ao talento de Edgar Bergen como ventríloquo, tinha seu próprio quarto e era tratado como membro da família.

— As pessoas se referiram a Charlie como meu irmão por muito tempo — diz Candice. — Kris, meu irmão mais novo, meu irmão verdadeiro, só nasceu quando eu tinha quinze anos. Então me lembro da mesa do café da manhã com meus pais e Charlie McCarthy, e de nós todos conversando.

É compreensível que Candice não soubesse então como isso era estranho — era, afinal, sua versão do normal. "Eu tinha um orgulho disso muito estranho naquela época." Ela ri. "Certamente hoje eu sei como isso era estranho, e acho que ainda estou tentando entender."

E a mãe, Francis, alguma vez estranhou essa excentricidade?

— Ela simplesmente aceitou. Meu pai era vinte anos mais velho do que ela. E ela perdera o pai aos dez anos, de tuberculose. Então papai era tanto pai quanto marido.

Francis não reprovava Edgar por tratar o boneco Charlie McCarthy como se fosse de carne e osso.

❖ ❖ ❖

Frances Westerman nasceu em Birmingham, Alabama, em 1922. Depois da morte de seu pai, ela e a mãe se mudaram para Los Angeles, e Frances se esforçou para se livrar de seu sotaque sulista. Aos dezenove anos, participou da gravação de um programa de rádio estrelado por Edgar Bergen e, obviamente, Charlie McCarthy. Edgar, com 39 anos, ficou impressionado com a beldade de pernas longas. Um ano mais tarde, depois de um cortejo a distância, eles se casaram.

Mesmo não sendo incomum naquela época que as mulheres se tornassem mães aos vinte e poucos anos, ainda assim era cedo para assumir a responsabilidade da maternidade. Frances tinha paciência para isso?

— Bem... eu diria que tinha — diz Candice. — Minha babá, que eu adorava, foi responsável por boa parte de nossa criação. Meus pais viajavam muito, às vezes por várias semanas. Mas minha mãe realmente instilou em mim grandes valores. Ela era muito rígida com o horário de dormir, com manha e coisas assim. E era muito enfática quanto aos modos. Isso é bastante significativo nesta cidade, onde tanta coisa é desestabilizada e fora de esquadro.

— Nossa relação mais próxima só começou na verdade depois que meu pai morreu, e se tornou ainda mais próxima depois que Chloe [filha de Candice com Louis Malle] nasceu. Acho que depois que meu pai morreu, eu decidi parar com isso.

"Isso" o quê?

— Torturar minha mãe — diz Candice, apesar de admitir que pode ser uma definição um tanto extrema. — É mais como envolvê-la, de certa forma. Minha mãe era muito talentosa e teria adorado ter uma carreira. Era uma cantora maravilhosa, e carregou muito ressentimento e frustração sobre a carreira que nunca teve. Isso geralmente era difícil de lidar, porque o ressentimento era dirigido a mim. As coisas aconteceram de um modo muito fácil para mim. Tive uma carreira baseada em muito pouco talento ou aptidão.

Tenho certeza de que muita gente não vai concordar com o menosprezo de Candice quanto a seus próprios talentos, mas é verdade que as portas se abriram com facilidade para ela. Portas pelas quais sua mãe gostaria de ter entrado.

—Soube, quando meu pai se foi, que tinha de assumir a responsabilidade. Há apenas um estatuto de limitações no ar em relação à culpa. Começamos a nos aproximar, então, mas quando me casei e quando Chloe nasceu, ela mudou sua maneira de agir e eu mudei a minha... foi quando nos tornamos realmente amigas. Foi um presente incrível.

A morte de Edgar foi inesperada, mas parece que Frances teve algum tipo de premonição.

— Um dia antes da morte dele — diz Candice — ela estava terrivelmente deprimida. Ela não tirou o roupão o dia todo.

Edgar não deixou Frances preparada para uma vida sem ele. "Ela não sabia nada sobre as finanças deles, pois meu pai a tinha protegido sempre. Então ela teve de aprender a administrar as coisas, sem nenhuma experiência. E foi surpreendente. Ela simplesmente mergulhou e assumiu o desafio, e se tornou uma investidora incrivelmente astuta. Começamos a chamá-la de "bruxa da Bolsa". Ela desenvolveu um senso incomum sobre no que investir."

Quando Candice ganhou o papel de Murphy Brown e sua carreira estava incontestavelmente bem estabelecida, o orgulho de Frances pela filha superou quaisquer ressentimentos pendentes, apesar de ela nunca ter falado sobre suas frustrações passadas e sobre seu desejo platônico de ter a própria carreira e conquistar o estrelato.

— Não acho que ela tivesse consciência do tamanho de seu rancor nem de como isso foi nocivo para ela — diz Candice. — Então, não, nunca falamos sobre o assunto. Mas com *Murphy Brown*, ela começou a apoiar muito o meu trabalho e a ter muito orgulho de mim. E ela era uma ótima avó. Ajudou-me muito com Chloe, e Chloe adorava passar a noite na casa dela. Elas ficavam acordadas até a meia-noite dançando mambo. Eram realmente duas ervilhas na mesma vagem.

Frances descobriu uma segunda vida com a neta, e um relaxamento em relação ao papel materno que não tinha tido com os próprios filhos.

Mais tarde, quando sua saúde começou a decair, ela também encontraria um laço com sua filha que elas nunca tinham vivenciado antes.

— Minha mãe ficou muito mal por cerca de cinco anos antes de morrer. Ela teve uma doença catastrófica depois da outra, e cirurgias... no final ela ficou de cama. Ela realmente sofreu muito e manteve o bom humor. Não tinha contato com seus amigos porque seu horário era muito estranho. Ela dormia até o meio da tarde, então se alguém ligasse não conseguia falar com ela; e quando estava acordada, tudo representava um grande esforço, às vezes até mesmo falar. Meu irmão foi realmente heroico em relação a isso.

De vez em quando, Candice e o irmão, Kris, organizavam um jantar na casa de Frances para um ou dois amigos dela. Eles mandavam alguém para arrumar seu cabelo e maquiá-la e garantiam que fosse no começo da noite, já que sua disposição estava muito comprometida. Mas por mais dolorosa que fosse a situação de Frances, ela e Candice construíram momentos que hoje são considerados alguns dos melhores de suas vidas.

— Eu ia para a casa dela e me deitava ao seu lado. Jantávamos juntas na cama e assistíamos tevê; conversávamos de mãos dadas. Foi um grande conforto para ela, mas também para mim, assim como para meu irmão. Ela se tornou a mãe que sempre desejamos, apoiando-nos de uma forma maravilhosa.

Quando Frances morreu, sua saúde tinha se desintegrado a tal ponto que Candice diz: "Praticamente não era uma vida". Ela nunca foi para uma clínica ou hospital; recebeu cuidados em casa. Mas quando ficou claro que o fim estava próximo, foi levada para o hospital.

— Estávamos todos ali. Em certo momento, ela acordou e nos viu a todos reunidos em volta de sua cama e entrou em pânico. Houve um momento de medo, mas no final ela era realmente uma boa paciente.

◆ ◆ ◆

Candice aprendeu muito sobre maternidade com as coisas que faltaram em sua infância — expressões físicas de amor, declarações. Com Chloe, ela conta que desde o princípio dizia constantemente o quanto a amava e que tem sido sempre muito expressiva e afetuosa.

Mas Candice também foi capaz de se expressar à mãe até o fim de sua vida. "Foi um grande alívio finalmente ser capaz de dizer 'Eu te amo' de uma forma profundamente sincera e ser afetuosa com ela."

Nossas mães nem sempre são capazes de ser as mães que queremos que sejam, e que *precisamos* que sejam, quando estamos crescendo. Às vezes elas têm de aprender o que significa ser mãe. Mas, se tivermos sorte, elas se dão conta antes de deixar este mundo.

Candice sabe a sorte que tem. Em meio à tristeza — ver Frances terrivelmente doente e piorando —, ela também assistiu à mãe se tornar mais maternal. Parte da jornada de Candice foi compreender que sua mãe simplesmente não tinha sido capaz de fazer isso quando era mais jovem. Pode não ter havido remédios para curar Frances fisicamente, mas as noites em que mãe e filha passaram juntas, sentadas na cama, de mãos dadas e conversando, curaram as duas em um aspecto muito mais profundo do que o físico.

Ao falar sobre a mãe, e especialmente sobre os últimos anos com ela, Candice usou com frequência a palavra *presente*. Certamente, o fato de Frances ter aprendido a desempenhar o papel de mãe foi um alívio para os espaços vazios que Candice tinha carregado dentro de si por anos. Mas há outro aspecto do presente: ela deu a Candice a chance de ser filha.

É uma dança delicada, essa valsa de mãe e filha, algo que define grande parte de nossas vidas e trajetórias como mulheres. Às vezes dominamos isso na hora H... e se torna o momento mais importante.

Marg Helgenberger

Ganhou o prêmio Emmy em 1990 pelo papel de K. C. na série *China beach*. Ela apareceu em vários filmes, incluindo *Erin Brockovich*, *Em boa companhia* e *Instinto secreto*. Atualmente, atua como Catherine Willows na série *CSI*.

Capítulo 12

A maioria de nós sabe que, até certo ponto, momentos de inversão de papéis com nossas mães virão — momentos em que nos vemos comportando-nos de uma maneira maternal com aquela mulher que costumava ser dona exclusiva daquele papel. Acontece com o tempo, com a idade e com os ciclos da vida. Na primeira vez que acontece, há algo de doce e espantoso... E também um pouco de tristeza. Porque geralmente representa o fechamento de um ciclo.

Mas se a inversão de papéis acontece logo, como foi para Marg Helgenberger e sua mãe, Kay, pode ser estranho — uma reorganização da relação em um momento que parece cedo demais, vulnerável demais.

◆ ◆ ◆

Kay casou-se com seu namoradinho de colégio, Hugh Helgenberger; e se estabeleceram em North Bend, Nebraska, para criar a família. Tiveram três filhos — Marg é a do meio, nascida um pouco antes de a década de 1960 virar os Estados Unidos de pernas para o ar. Mas North Bend manteve-se em um mundo fechado em si mesmo. Foi como se os anos

1960 estivessem acontecendo longe, muito longe dali, não nessa cidadezinha curiosa que nem sequer tinha uma sala de cinema. Kay trabalhou como enfermeira, e Hugh era inspetor sanitário do governo no ramo de carnes.

— Durante um tempo — diz Marg — ele teve sua própria fábrica de carne, mas não tinha talento para negócios, então o empreendimento faliu.

As crianças Helgenberger tiveram uma educação rural que provavelmente seria difícil de encontrar em qualquer lugar, nos dias atuais. Depois da escola, saíam de bicicleta e pedalavam até o entardecer, quando ouviam a mãe tocar o sino para avisar que era hora de jantar. Eles moravam em uma casa pequena, mas depois se mudaram para uma um pouco maior, reformada pela própria família.

— Lembro-me de todos nós com pés de cabra, derrubando as paredes de gesso. Era um projeto grande. Mas foi divertido. Minha casa era sempre aquela onde meus amigos queriam passar o tempo. Meus pais eram muito legais, muito serenos. Vários amigos meus moravam em fazendas no campo, então, depois de jogar futebol americano, eles voltavam para a minha casa e, às vezes, pernoitavam.

Mas a doença invadiu a família de modo cruel.

Quando Marg estava na faculdade, Kay foi diagnosticada com câncer de mama e passou por uma mastectomia dupla; ela estava com apenas quarenta e seis anos. Logo depois, Hugh foi diagnosticado com esclerose múltipla (EM).

— Aconteceram essas tragédias com meus pais — diz Marg. — Minha mãe é uma católica muito devota, e credita à fé a superação daquele período. Não posso contestar isso, é uma verdade. Meu pai também era católico, apesar de ser mais questionador. Ele era muito inquisitivo, questionando até mesmo os padres sobre coisas que lia na Bíblia.

A saúde de Hugh piorou rapidamente durante os anos seguintes. A EM o estava devorando, e Kay precisava trabalhar — precisava trazer dinheiro para casa. Poucas famílias são capazes de lidar com o peso financeiro de uma doença catastrófica; certamente, os Helgenberger de North Bend, Nebraska, não podiam.

— Naquela época, meu pai estava muito doente e em uma cadeira de rodas — diz Marg —, e eu estava em Nova York trabalhando no romance *Ryan's hope*. Voltava com a frequência que conseguia, mas foi um período difícil para a minha mãe. Pelo que aconteceu depois, tive muita sorte em conseguir aquele emprego — não era o que eu planejara para mim mesma. Quando estava na Northwestern, em uma produção de *A megera domada*, um diretor de elenco me viu e queria que eu fizesse o teste para *Ryan's Hope*. Meu plano era ficar em Chicago e fazer teatro. Mas, como a sorte pediu, meu salário permitiu ajudar minha mãe financeiramente.

A questão do dinheiro é sempre difícil, especialmente em famílias. E o pai ou a mãe pedirem ajuda financeira a um de seus filhos é embaraçoso para ambas as partes. Para Kay e Marg, foi quando a inversão de papéis começou.

Em um ensaio sobre a própria mãe no aniversário de morte dela, Anna Quindlen escreveu: "O que significa dormir sob o coração de outra pessoa, segura e aquecida, por quase um ano? Nenhum cientista pode realmente dizer".

E nenhum cientista pode dizer o que acontece quando uma mãe descansa sobre o coração da filha, dependendo dela de maneira desconhecida, de uma forma que a filha não se sente preparada para aceitar. Primitivamente, altera o equilíbrio.

Marg relembra um incidente quando ela e a mãe estavam em Minneápolis visitando a irmã de Marg. "Andávamos pela calçada e minha mãe me perguntou quando chegaria o cheque — eu vinha mandando dinheiro para ela. Foi extremamente desconfortável. Senti o vento mudar de direção." Mas Marg foi capaz de abrandar o desconforto com a única coisa que poderia abrandá-lo — entendendo. "Eu sabia o quanto ela estava em pânico. Meu pai ia e vinha do hospital; ela estava tentando pagar as despesas. Estava sofrendo..."

A saúde de Hugh piorou a ponto de Kay tomar a drástica decisão de colocá-lo em um asilo. Mas, naquela época, naquela região, não havia lugar adequado para um homem de quarenta e poucos anos com EM. Kay foi forçada a colocá-lo em um lar para idosos. Era mais do que qualquer deles podia pagar, e a única maneira de o Estado arcar com a despesa era se Hugh fosse solteiro.

— Para colocá-lo no asilo, minha mãe teve de se divorciar dele — diz Marg. — Ela foi discutir o assunto com o padre. Felizmente, ele entendeu o que ela tinha de fazer e deu a sua bênção. Mas era demais para suportar. Ela é muito forte, muito dura. E mesmo depois de tudo, manteve-se sociável e divertida. "Cheia de vida" é como geralmente a descrevo.

Kay, de fato, acabou casando-se novamente mais ou menos dez anos depois da morte de Hugh. Seu nome agora é Kay Snyder, e ela e o marido vivem em Omaha. Ambos estão aposentados, mas Kay faz trabalho voluntário e se mantém ocupada com os amigos e a família. Seu filho e a família dele moram mais perto dela, então as tarefas de avó preenchem bastante seu tempo.

Uma das coisas que também ocupa sua atenção é a carreira de Marg; há um pouco de substituição ali, mas a filha de Kay compreende isso com uma boa dose de humor.

Anos atrás, Marg e Kay participaram de um especial de dia das mães do programa *Barbara Walters*. Kay foi levada de avião para Nova York e recebeu tratamento de estrela.

— Fiquei impressionada com a intimidade que ela demonstrou naquela situação, sendo entrevistada por Barbara Walters. E também fiquei um pouco surpresa com algumas histórias que ela contou, porque não batiam exatamente com minhas memórias. Barbara citou um programa de David Letterman do qual participei e contei uma história sobre ter saído a campo com um criminalista de verdade. Respondemos a uma chamada em função de um assalto. Já dentro da casa, descobrimos um armário cheio de brinquedos sexuais. Contei a Dave sobre alguns apetrechos de lá, que então tivemos de polvilhar para tirar as digitais. Os censores acabaram colocando um bipe sobre o áudio de um dos itens que citei. Minha mãe assistira ao programa, e sabia que eu não tive a intenção de ser polêmica. Mas Barbara estava procurando cumplicidade em uma versão mais escandalosa da história, e encontrou. Minha mãe começou a descrever como me telefonou depois de assistir ao programa dizendo: "Margi, você sabe que não pode dizer isso no ar". E eu teria respondido: "Eu sei, mas acabei falando". Nada disso aconteceu. Apenas fiquei ali sem dizer nada. Minha mãe meio que tomou conta da entrevista — foi muito estranho.

— Então, mais tarde naquela noite, fomos ver *Os produtores* na Broadway. Depois, fomos ao restaurante Joe Allen para tomar um drinque antes de dormir. Estávamos sentadas no bar, e alguém me reconheceu — *CSI* já estava no ar havia alguns anos naquele época. Minha mãe tem muito orgulho de mim, e fala com todo mundo. Então, ficou bem emocionada. Daí, virou-se para mim e disse: "E então, quando eu vou ter uma ponta no programa?".

— Eu disse: "O quê?", e ela respondeu: "Bem, já está no ar há quatro anos".

Pacientemente, Marg explicou a ela que nenhum parente dos outros atores ganhou algum papel no programa, nem demonstrou algum interesse em participar.

Foi um daqueles momentos de troca de papéis, quando Marg teve de ser maternal e esperar que sua mãe lidasse com essa notícia decepcionante.

Kay, no entanto, acompanhou a filha aos prêmios Emmy e ficou ao lado dela em algumas entrevistas ao longo dos anos. Rindo, Marg diz: "O problema é que, se um ano se passa e ela não é chamada para fazer algo desse tipo, se pergunta por quê. Ela repara em quanto tempo já faz".

Uma honraria que Marg recebeu aconteceu na sua cidade, North Bend. O nome de Marg foi dado a uma rua, mas era Kay quem se sentia a estrela. Agora há uma avenida Helgenberger. A cerimônia reuniu toda a cidade, que continua pequena, e Kay iluminou-se de alegria com o reconhecimento que a filha estava obtendo.

— Meu filho se divertiu muito — diz Marg. — Ele sorria o tempo todo. Nós até fizemos um *tour* pela casa onde eu cresci, que era incrivelmente pequena. É engraçado, de qualquer forma; quando éramos pequenos, nunca sentimos isso.

Claramente, Marg aprendeu a ter bom humor na vida que levou ao lado da mãe. Uma pessoa pode até visualizar a conversa no restaurante Joe Allen e sua tentativa de explicar que os pais não são chamados para serem astros convidados de *CSI*. "Foi tão bizarro", diz Marg, rindo da lembrança. "Obviamente era algo que ela vinha pensando durante um bom tempo. Ela não conseguia entender por que nunca fora chamada."

Em um aspecto mais sério, Marg também aprendeu a ter resiliência com sua mãe.

— Minha mãe passou por muita coisa. Ela é uma sobrevivente. E isso nunca desencorajou seu espírito. Ela é uma avó divertida, sempre atualizada sobre o que meu filho e minhas cinco sobrinhas possam querer. Está livre do câncer há 27 anos. Ela é feliz no casamento, e realmente aproveita a vida. Espero que eu seja tão cheia de vida assim quando tiver a idade dela.

Kay também tem um traço independente, que não passou despercebido da filha nem foi negligenciado. "Ela definitivamente pode ser rebelde", diz Marg.

Anos atrás, o marido de Marg, Alan Rosenberg, participou do filme *A última tentação de Cristo*; ele interpretava o apóstolo Tomé. O filme era extremamente controverso e atraiu a ira da Igreja Católica, já que mostrava Jesus tendo relações carnais com Maria Madalena. Petições e objeções à distribuição do filme se espalharam pelos Estados Unidos.

Na igreja local de Kay, foram deixados abaixo assinados nos bancos, na missa de domingo, visando impedir a exibição local do filme. Kay chegou cedo à igreja e retirou cada um dos papéis. Seu genro estava naquele filme. Ele dissera que era uma obra de arte, e que fora julgada e condenada antes de ter sido assistida. Sua lealdade chega a esse ponto. Ela tomara sua decisão independente da posição da Igreja, e o resultado foi que a congregação naquela manhã de domingo nunca teve a chance de assinar os abaixo assinados deixados para eles.

Então, como católica fervorosa, *ela* assistira ao filme?

— Ela viu — disse Marg. — E não teve problema algum com ele. Era arte, uma interpretação da vida de Jesus. Ela encarou assim.

◆ ◆ ◆

Como filhas, não temos realmente controle algum sobre quais lições ou desafios chegarão até nós por meio de nossas mães. Mas temos a opção de aprender ou não aquelas lições e enfrentar os desafios. Marg seria a primeira a dizer que não estava realmente pronta, aos vinte anos, para assumir um papel maternal com sua mãe. Mas ela o fez. E o fez com bom humor e compreensão — duas qualidades que, não importa quando nós as aprendemos, tornam a vida muito mais doce.

Lorna Luft

É cantora, atriz e escritora. Começou a se apresentar bem jovem, na série de televisão de sua mãe, *The Judy Garland show*. Lorna apareceu em peças da Broadway e off-Broadway. Escreveu uma autobiografia intitulada *Me and my shadows*. Em 2007, lançou seu primeiro CD: *Lorna Luft: songs my mother taught me*.

Capítulo 13

Qualquer história sobre Judy Garland tem de começar com Dorothy. Todos nós crescemos com *O mágico de Oz*. Mas quando Dorothy é sua mãe, a história assume um rumo totalmente diferente. Quando criança, Lorna Luft teve de lidar com as expectativas de amigos ansiosos que vinham brincar em sua casa.

— Lembro-me de um garotinho olhando para mim depois que encontrou minha mãe e perguntando: "O que aconteceu?". Ele achava que ela estaria de vestido rodado azul, com rabo de cavalo, cantando *Somewhere over the rainbow* e segurando um cachorrinho. Não entendi. Tinha assistido a *O mágico de Oz*, é claro, mas quando você é criança não consegue imaginar seus pais como crianças. Hoje, agradeço por ter isso como parte de minha história.

Este parece ser o local apropriado para dizer que Lorna e eu, por um breve período, fomos juntas à escola elementar, a The John Thomas Dye School, na Califórnia. E me lembro vividamente de um dia dos pais em que Judy Garland veio. Não sei se esperava o vestido rodado, ou mesmo o rabo de cavalo, mas lembro que fiquei desapontada por ela ser adulta.

◆ ◆ ◆

Lorna conquistou seu próprio lugar no mundo como cantora e apresentadora. Ela corajosamente escreveu uma autobiografia, *Me and my shadows*, narrando sua jornada desde o turbilhão até fazer as pazes com seu passado.

Ela trabalhou duro para chegar onde está hoje — na posição de uma mulher que pode dizer: "Sinto falta de minha mãe. Finalmente fiz as pazes com meu legado e aprendi a aceitar o que recebi em vez de fugir disso".

Perder a mãe aos dezesseis anos, como aconteceu com Lorna, é traumático para qualquer um. Mas quando o mundo inteiro reforça isso, pode fazê-la soltar suas amarras, deixando-a à deriva em águas perigosas apenas para se ver livre de tantos olhares. Lorna realmente ficou à deriva. E correu, e xingou, e enraiveceu. Mas conseguiu fazer o caminho de volta. Suas pegadas em chão firme são sua história.

◆ ◆ ◆

Lorna cresceu longe de Oz, longe do mantra "Não há lugar como a casa da gente". *Não havia* casa quando ela estava crescendo. Judy levava seus três filhos — Liza Minnelli, Lorna e Joseph — consigo em suas turnês, deixando-os sob os cuidados de babás na maior parte do tempo, enquanto se apresentava. Eles viveram em hotéis e casas alugadas — ciganos do *show business*.

— Ela tinha de trabalhar o tempo todo — diz Lorna. — O governo confiscava seus cachês, ela praticamente não tinha dinheiro porque todo mundo roubou dela. Nunca tivemos uma casa, uma casa de verdade. Percebo hoje, adulta, como ela devia ficar apavorada o tempo todo, com crianças para criar, com a responsabilidade de ser arrimo de família. Não a vejo definitivamente como uma figura trágica, mas houve muita tragédia em sua vida.

E começou cedo. A mãe de Judy, segundo Lorna, era "terrível", e tratava a filha como uma *commodity*, um contracheque. E também era alcoólatra. O pai de Judy falecera quando ela era criança, e essa ausência se tornou um vazio que ela tentaria preencher, durante toda a vida, com outro homem — nenhum deles merecedor ou admirável.

— Ela não tinha estrutura. Fez escolhas terríveis em se tratando de homens, homens que ela pensou que fossem ajudá-la mas nunca o fizeram. Ela era incrivelmente carente. Suas necessidades eram como um pântano sem fundo, infinito. Ela olhava para todos os homens de sua vida como um pai, um salvador, tudo para ela. E eles não eram.

Judy começou a se apresentar ainda garotinha, e na adolescência o ciclo de comprimidos começou. Eles eram fornecidos pelo estúdio, com a permissão da mãe de Judy. Comprimidos para manter seu peso, comprimidos para dormir.

— Ela tinha uma dependência química que as pessoas não entendiam naquela época. Era considerado "medicação". Os comprimidos eram dados por médicos, então tudo bem. Penso comigo mesma, às vezes: "Se ela estivesse viva hoje, será que teria ajuda?". Acredito que sim.

A única ajuda que Judy conseguiu naquela época foi de Lorna. Mas a mãe nunca soube as maneiras pelas quais a filha tentava salvá-la.

— Quando criança, era minha responsabilidade controlar os comprimidos dela — diz Lorna. — Lembro-me de estar sentada em quartos de hotel, abrindo cápsulas, esvaziando seu conteúdo, e enchendo de açúcar.

Tinha sido uma ideia do pai de Lorna, Sid Luft. "Ensinaram-me que eu tinha de ficar de olho nos remédios de minha mãe. Fui ensinada a nunca, jamais chamar uma ambulância, independentemente do que houvesse. Tinha de ligar para meu pai ou outra pessoa, nunca uma ambulância, porque chegaria à mídia. Ensinaram-me muito cedo a mentir, enganar, manipular. E foi isso o que me tornei."

Milagrosamente, Lorna nunca culpou a mãe, mesmo quando criança. "Eu amava minha mãe, mas odiava que ela não fosse como as outras mães. Sabia que era doente; sabia que tinha problemas. Então não a culpava, culpava sua doença. O que odiava eram a bebida e os comprimidos. Algumas vezes ela se afastou e se tratou. Eles chamavam isso de 'secagem' naquela época. Mas não havia ajuda real ou aconselhamento. Quando ela voltava desses lugares, eu tinha um vislumbre de quem ela realmente era. Mas não durava muito e logo voltava às drogas e à bebida."

Houve tentativas de suicídio — lâminas nas veias de seus pulsos, vidros inteiros de comprimidos —, mas Judy sempre ligava para alguém antes e dizia que estava prestes a se matar. A ajuda sempre chegava, bem a tempo de salvá-la. Então Lorna não acredita que a mãe falasse a sério quanto a dar cabo da própria vida. Na verdade, ela diz de modo inequívoco que sua mãe queria viver.

— Ela sempre se certificou de que alguém estaria a caminho. E nenhuma das tentativas foi feita quando estava sóbria, então realmente acredito que era um aspecto de sua doença, não um desejo verdadeiro de morrer.

Entretanto, o preço que isso custou a seus filhos provavelmente nunca poderá ser calculado, apesar de Lorna — em sua busca, em sua determinação para entender, em seu desejo de quebrar a corrente — ter tentado investigar o dano.

— Nós íamos e vínhamos de um quarto para outro, mas sempre sabíamos quando alguma coisa estava acontecendo. Havia sempre ansiedade. Era como uma sombra que obscurecia tudo. Toda manhã, quando acordava, me perguntava: "Como mamãe estará hoje?". E todo dia quando eu voltava para casa...

Crianças que cresceram nesse tipo de ambiente aprendem a ser fortes. Descobrir como ser ternas é uma escolha que as espera mais adiante. Algumas escolhem isso, outras não. Lorna realmente aprendeu a ser forte, mas sempre se prendeu com força ao amor que tinha pela mãe, e isso se tornou uma de suas tábuas de salvação.

❖ ❖ ❖

Lorna estava do outro lado do oceano quando a mãe morreu. Judy estava em Londres, em uma casa alugada com seu então marido, Mickey Deans, e infelizmente ninguém monitorava sua medicação. Sua morte foi atribuída a *overdose* acidental. Lorna, hospedada na casa de amigos em Los Angeles, recebeu a notícia pela mãe da amiga.

— Entrei na cozinha da casa da minha amiga e a mãe dela me pediu para sentar e me contou. Já estava no rádio e na televisão. Não conseguia encontrar ninguém. Meu pai tinha desligado o telefone e Liza estava em Nova York: ela era casada com Peter Allen nessa época. Não conseguia me comunicar com ela. Foi muito assustador, porque eu simplesmente não sabia o que fazer.

A semana seguinte foi, na descrição de Lorna, "surreal, uma experiência extracorpórea". Sendo jovem, apesar de madura para sua idade, Lorna estava prestes a aprender uma lição profunda sobre o lugar de sua mãe no mundo.

Quando uma lenda — um ícone — morre, o mundo se enluta. Como deveria... como é apropriado. Mas se você é filho dessa lenda, você vê mãos e braços vindos dos quatro cantos do mundo para reivindicar a pessoa que eles decidiram que lhes pertencia havia muito tempo. A tristeza de estranhos abate... invade, sufoca, bloqueia a tristeza que você sente como uma criança que simplesmente perdeu a mãe.

— De repente me vi confortando outras pessoas — diz Lorna, ainda demonstrando algum resquício de choque daqueles tempos explosivos. — Pessoas que nunca encontraram minha mãe me falavam de sua perda. Centenas de milhares de pessoas fizeram fila para ver o caixão, lamentar sua morte, mas aquela era a minha mãe. — Ela hesita antes de dizer: — Você deve ter tido a mesma experiência quando seu pai morreu.

Tive sim, digo a ela. Mas eu não tinha dezesseis anos. Não sei como teria entendido essa experiência em uma idade tão vulnerável. Não sei se teria conseguido. Lorna — a garota que fora obrigada a crescer rápido demais, que valentemente tinha tentado salvar a vida da mãe trocando remédios por cápsulas cheias de açúcar — estava tendo um curso intensivo das duras regras da fama. Esperava-se dela que apoiasse legiões de fãs, oferecendo-lhes conforto, mas ninguém pensou em confortá-la.

— Não me lembro, na verdade, do enterro — diz Lorna. — Eu estava lá, sei que estava. Mas quando vejo as fotografias, ou imagens, não consigo me localizar. Acho que a psique simplesmente fica dormente em horas como essa.

Ela foi morar com o pai — uma opção longe de ser reconfortante.

— Ele não sabia ser um pai de verdade — ela diz sem rodeios. — Ele era extremamente obcecado pela ideia de ter se casado com minha mãe, mesmo muito tempo depois da morte dela. Agora sou capaz de perdoá-lo, mas não consigo esquecer.

Lorna estava sozinha consigo mesma, tentando lidar com a perda da mãe, o que implicava muitas coisas. Mágoa, sim, mas também, ela admite, uma pequena dose de alívio — o fim da ansiedade, o fim do terror cada vez que o telefone tocava. Mas "havia também o tédio, porque de repente não havia mais drama, algo que tinha existido durante toda a minha vida. Drama é um vício, também. Se não há mais drama, o que fazer? Você começa a criá-lo para si mesma".

A estrada para isso já estava traçada para ela — com luzes de advertência piscando e fantasmas, mas ela a percorreu mesmo assim. Lorna saiu da casa do pai aos dezenove anos, quando conseguiu seu primeiro papel na Broadway, e nunca mais voltou. Em vez disso, caminhou em direção aos lugares sombrios que se provaram fatais para sua mãe.

— Quando você está cheirando carreira após carreira de cocaína, não consegue dizer na verdade que é só diversão. Eu sabia que não queria acabar como minha mãe. Sabia que precisava de ajuda.

Ela fez o que acredita que a mãe teria feito se pudesse. Lorna procurou os Alcoólicos Anônimos e credita a esse programa a ajuda que representou uma virada em sua vida, apesar de deixar bem claro que nenhum programa funciona a menos que se queira. Permanecer limpa e sóbria é uma escolha que ela faz diariamente, e nunca se esquece de como era fazer a escolha oposta.

Profissionalmente, sua vida no palco também reflete o caminho que percorreu. "Várias pessoas vêm aos bastidores e me dizem como minha mãe teria orgulho de mim. No passado, isso me deixaria incrivelmente triste. Agora sou capaz de dizer: 'Eu sei'. E posso dizer 'Muito obrigada'."

Isso pode não parecer tão grandioso para uma pessoa normal. Mas não há nada normal na vida do filho de uma lenda. Você passa anos fugindo da enorme pegada que seus pais deixaram, pensando que em algum lugar além dela você pode ser capaz de encontrar a si mesmo. Então, se você for aplicado e tiver sorte, um dia se dá conta de que encontrar a si mesmo significa voltar e olhar bem dentro do legado do qual fugiu. Significa ter fé que, naquele vasto território, você vai tropeçar em si mesmo; encontrar-se. Então o simples "muito obrigada" que Lorna diz hoje aos fãs que a admiram representa uma enorme vitória.

◆ ◆ ◆

Os desafios da vida de Lorna poderiam facilmente tê-la derrubado. Em vez disso, ela quebrou a cadeia, não só do vício mas da infelicidade. Ela tem um bom casamento; um filho de 24 anos, Jesse; e uma filha de dezessete, Vanessa. Seus filhos nunca saíram em turnê com ela, cresceram no ambiente de um lar estável.

Entretanto, quebrar a cadeia na própria família é algo complicado. Significa reconhecer, aceitar, perdoar e liberar tudo o que é nocivo e negativo, enquanto se apega a tudo o que foi bom. Lorna dominou esse ato de equilíbrio.

— Minha mãe era muito inteligente, muito engraçada — diz Lorna. — Ela se menosprezava, mas era do tipo "copo meio cheio". Sempre acreditou que as coisas melhorariam. Sempre acreditou que as coisas boas estavam ali na esquina. Ela *era* realmente a Dorothy.

Linda Bloodworth Thomason

Criou e escreveu os programas cômicos de sucesso *Designing women*, *Evening shade* e *Emeril*. Em 1972, ela e Mary Kay Place escreveram o roteiro de *M*A*S*H*, ganhador de um Emmy. Linda continuou a escrever mais roteiros para esse seriado, assim como para muitos outros. Em 2004, publicou o romance *Liberating Paris*. Ela e o marido, Harry Thomason, dirigem a Mozark Productions.

Capítulo 14

A mãe de Linda Bloodworth Thomason morreu de Aids em 1986, em razão de uma transfusão de sangue durante uma cirurgia do coração. A história dela foi uma das muitas da década de 1980, e todas essas mortes serviram de exemplo para algo que nunca deve acontecer novamente.

A vida de Claudia, porém, fica como exemplo do que a alegria pode criar.

❖ ❖ ❖

Claudia Celestine Felts nasceu no Arkansas, na minúscula cidade de Alicia, com uma população de trezentos habitantes. Seu futuro marido, Ralph Bloodworth, também nasceu no Arkansas, a várias cidades de distância. Seus caminhos não se cruzariam até anos depois, em outro Estado.

A família Felts tinha poucos recursos. Linda tem uma foto de sua mãe "parada na linha do trem, com seu pequeno vestido de algodão feito em casa". Quando Claudia estava com treze anos, sua mãe morreu, deixando a garota se perguntando sobre como seria o futuro sem ter uma mãe em quem se apoiar.

Os Bloodworth eram muito diferentes. "Era uma família grande, audaciosa", diz Linda. "Meu avô, Charles Thomas Bloodworth, era advogado e ativista de direitos humanos no Arkansas. Ele não só defendeu os negros como frequentemente trazia clientes para casa e deixava-os dormir lá."

Bloodworth e seus três irmãos cresceram sabendo como usar armas de fogo e também de que a qualquer momento poderiam ter de usar esse conhecimento contra a Ku Klux Klan, que não apreciava um advogado sulista "defensor de pretos".

— Um dia, quando meu avô estava pegando um trem, a Klan se aproximou e havia uma mulher no carro. Ela começou a sair e atirou no peito do meu avô. Ele sobreviveu, mas depois disso decidiu mudar com a família para Poplar Bluff, no Missouri, onde o clima não era tão carregado em relação às questões raciais.

Charles e os quatro filhos abriram um novo escritório de advocacia no Missouri. Um dia Claudia Celestine Felts, que tinha feito curso técnico de secretariado em vez de faculdade, entrou no escritório de advocacia Bloodworth & Bloodworth em busca de um emprego.

Ela conseguiu o trabalho e uma vida nova.

— Ela se apaixonou por meu pai, e acho que ele ficou completamente cativado por ela — diz Linda. — Minha mãe era muito bonita. Ela se parecia com Loretta Young. Mas tinha de conquistar esse clã grande e difícil. Minha avó não queria que os filhos se casassem com mulheres que não tivessem um curso superior. Os outros rapazes aceitaram isso. Mas meu pai, não. Minha avó foi contrária à entrada de minha mãe na família. E é claro, no final da vida de minha avó, foi minha mãe quem cuidou dela e acabou sendo sua nora favorita!

Encaixar-se no clã Bloodworth era uma tarefa árdua, especialmente para uma mulher com uma criação tão diferente.

— Era a maior empresa familiar de advocacia do Missouri. Aqueles homens faziam o tipo Ernest Hemingway — diz Linda. — De coração um pouco mais mole, talvez, mas bebiam, caçavam e pescavam. Estavam sempre discutindo e argumentando sobre política, literatura e legislação. Eram um bando enorme e incontrolável. E ela simplesmente conseguiu. Ela sempre foi tão pacata, tão calma e capaz de apreciar as pequenas coisas, como seu jardim.

O primeiro filho de Claudia, Ralph Randall Bloodworth, nasceu quando ela estava com 27 anos; e Linda nasceu três anos depois. Nunca mais trabalhou fora, pois nunca quis. Claudia Celestine, a garota que perdera a mãe aos treze anos, abraçou a maternidade e o território cálido do lar e da família.

— Filhos e casa eram tudo para ela. Ter filhos deitando-se em lençóis brancos, lindos e macios à noite, ter biscoitos para oferecer-lhes, saber que as venezianas estavam impecavelmente limpas... era do que ela gostava. Sua primeira prioridade sempre foi que nos divertíssemos. Todos os meus amigos gostavam de dormir em casa, em parte porque minha mãe realmente era ótima cozinheira. Olhar nossa geladeira era um privilégio: você abria a porta e encontrava um milagre.

Claudia, relembra Linda, sempre se vestia de maneira impecável. Mas não de forma pretensiosa.

— Ela simplesmente acreditava, assim como a maioria das mães das minhas amigas, que uma mulher deveria calçar saltos altos, um vestido volumoso e brincos para ir à mercearia.

Havia uma exceção, porém. Claudia gostava de pescar. Ela pegava o equipamento de pesca, ligava o pequeno barco a motor e saía com sua melhor amiga, uma empresária dona de uma loja de ferragens local.

Linda admite sem titubear que quando estava crescendo era "uma verdadeira garotinha da mamãe". Ela se lembra de seguir a mãe pela casa quando era criança, esperando que ela se sentasse para poder sentar em seu colo. "Adorava suas joias, seu perfume, tudo nela. Nunca brigamos ou competimos... sei que é estranho. Pode ser que eu tenha muito da personalidade de meu pai, sua iniciativa e ambição, então simplesmente combinávamos como meus pais combinavam. Mas era ela que criava a atmosfera de calma e proteção consistente que permitiu que meu irmão e eu crescêssemos. Acho que hoje você diria que ela era muito zen."

Zen dificilmente é uma palavra que Linda — ou qualquer um, nesse aspecto — usaria para descrever seu pai. Claudia e Ralph realmente tiveram uma relação muito sólida e romântica — ele era tudo de masculino, ela era tudo de feminino —, era um caso de opostos que encaixavam muito bem.

— Eles brigavam e faziam as pazes na nossa frente. Não havia segredo. Se ele queria cair de novo em suas graças depois de um desentendimento, ele dançava com ela pela cozinha.

Ele também conversava animadamente sobre política durante o jantar, insistindo em seu ponto de vista. Claudia, por sua vez estava empenhada em colocar uma mesa bonita, com lindas toalhas, arranjos de flores e um cardápio bem planejado.

— E meu pai bebia — diz Linda. — Ele era um tipo de Atticus Finch* em relação à bebida. Era capaz de caminhar quilômetros na neve para devolver um centavo. Ele realmente era um bom homem. Papai praticava sua argumentação final para o tribunal na sala, medindo o chão. Em algumas ocasiões, eu até fui de bicicleta ao tribunal para ouvi-lo. Mas ele realmente bebia, e minha mãe e eu às vezes tínhamos de sair para procurá-lo. Imagino que as pessoas pensem que isso fosse traumático, mas não era. Ele nunca foi mau ou difícil. Na verdade, quando o encontrávamos, ele era doce. Apesar disso, tenho a impressão de que muitos homens em nossa cidade faziam o que queriam e as mulheres geralmente pareciam impotentes. Costumava dizer

---

* Personagem central do romance *O sol é para todos*, de Harper Lee, interpretado no cinema, em filme homônimo, por Gregory Peck. (N. da T.)

a minha mãe: "Um dia, vou voltar para cá e fazer alguma coisa pelas garotas".

◆ ◆ ◆

Ralph morreu de câncer em 1982. Linda estava para se casar com Harry Thomason e se lembra de que, no dia em que o pai morreu, as lágrimas da mãe eram por ela. "Seu pai queria tanto dançar em seu casamento...", ela contou à Linda.

Era típico de Claudia pensar primeiro na perda da filha. Mas sua própria perda foi imensa, e esculpiu danos no coração de Claudia. É comum falar sobre coração partido em termos poéticos, como um evento etéreo, puramente emocional. Mas a verdade é que a tristeza pode partir um coração fisicamente, e geralmente o faz.

Pouco tempo depois da morte de Ralph, Claudia descobriu que era portadora de um sério problema cardíaco, que exigia cirurgia. Depois da operação ela deveria melhorar, mas não melhorava. Na verdade, conforme o tempo passava, ela estava piorando. Linda a levou para a Califórnia, onde um médico lhe deu um diagnóstico devastador: Aids. Ela havia contraído a doença na transfusão de sangue que sofrera durante a cirurgia — transfusão com a qual Linda tinha concordado, acreditando que seria segura.

O ano de 1986 foi decisivo em termos de política de doação de sangue. A comunidade médica sabia que havia sangue contaminado, e a cúpula dos bancos de sangue se reuniu e decidiu que seria caro demais testar o sangue e limpar o estoque. O sigilo e as considerações financeiras custaram a vida de muitas pessoas. Tudo isso foi revelado no processo aberto por Linda e Harry. Mas nada disso poderia salvar Claudia: ela estava morrendo. Linda recebeu a notícia no mesmo dia em que *Designing women* foi comprada como seriado. O que deveria ter sido um dia triunfante de repente foi entrecortado por sombras.

Nos seis meses seguintes, Claudia viveu com o casal, enquanto Linda escrevia os roteiros de *Designing women*. Como sua saúde estava muito comprometida, eles tiveram de interná-la várias vezes. Naqueles anos, o terror em relação a contrair a doença pelo contato casual consumia a todos, por isso os pacientes de Aids eram tratados como se fossem portadores da peste.

— As enfermeiras e os médicos usavam máscaras e luvas quando estavam perto dela — relembra Linda —, e nós também. Minha mãe estava entrando em um processo de demência, então não conseguia entender por que estávamos daquele jeito. As enfermeiras colocavam sua medicação em um balde e o chutavam para o quarto. Algumas vezes, quando a levávamos de volta ao hospital, eles diziam: "O que ela está fazendo aqui?". Eles não nos queriam ali. Queriam que ela morresse.

Linda e Harry finalmente transferiram Claudia para o Sherman Oaks Burn Center porque havia enfermeiras no local com experiência em pacientes com Aids. Quando chegaram, as enfermeiras abraçaram Linda e Claudia. "Todos nós começamos a chorar", diz Linda.

— Minha mãe estava em um andar com cerca de 25 gays, e vi que muitos deles morreram ali sozinhos. Era muito triste. Me fez pensar em um hospital de guerra. Uma noite, três pacientes haviam morrido enquanto a televisão continuava ligada em algum programa esportivo.

Harry quase sempre dormia em uma cama de armar ao lado da cama de Claudia para monitorar sua respiração, e tanto ele como Linda se tornaram muito amigos do médico. Foi uma vigília até o dia em que Claudia morreu... com a filha segurando sua mão.

— Meu único arrependimento é que não a levei de volta ao Missouri para que pudesse morrer ali. Continuo achando que ela teria se reanimado e que teríamos um pouco mais de tempo. Depois de sua morte, eu ligava para o número de seu telefone e deixava-o tocar por um longo tempo antes de desligar. Ela não tinha secretária eletrônica ou qualquer coisa moderna como essa, então não pude ouvir sua voz novamente. Mas só queria ouvir o telefone tocar naquela casa. Não houve uma vez sequer em que ligasse para minha mãe e ela não dissesse: "Ah, eu estava mesmo pensando em você". Tive uma mãe que sempre estava ali e que me deu amor incondicional; isso me ofereceu uma base de como eu queria que outras pessoas, especialmente homens, me tratassem. É um grande presente para se dar a uma garotinha.

Em 1989, Linda cumpriu sua promessa de "voltar e fazer alguma coisa pelas garotas". Ela chamou a empresa de arquitetura inglesa Crowther of Syon (os arquitetos da rainha) e perguntou se eles viajariam a Ozarks para construir um centro cultural e educacional em memória de sua mãe. "Queria que fosse tão bonito quanto ela", diz Linda. Hoje a Claudia Foundation, que tem inclusive uma lareira de Lorde Byron, serve como "Meca" cultural para moças carentes e já colocou mais de 160 mulheres na universidade.

❖ ❖ ❖

Uma coisa estranha acontece quando se assiste ao pai ou à mãe se consumirem, quando você vê um deles em uma situação que nunca imaginou, uma situação que devasta seu coração: quando o fim chega, não são essas as imagens que prevalecem. Não é que você se esqueça delas — isso não é possível —, mas apenas que as imagens mais antigas, mais doces, mais felizes florescem e se espalham pela tela de sua memória.

Esta é a imagem que perdurou para Linda:

Quando ela estava no ensino médio, queria desesperadamente ser *cheerleader*. Ela treinava os movimentos de corpo no quarto constantemente; virava estrela na calçada. No dia em que foi aceita no grupo, Linda estava voltando a pé da escola e, quando se aproximou da casa, viu sua mãe em pé no meio da rua — sorrindo, de braços abertos, dando-lhe as boas-vindas.

— De verdade, acho que ela estava mais aliviada do que orgulhosa. Ela simplesmente não conseguia suportar que eu me magoasse.

Linda sabe que herdou a determinação e a ambição do pai, mas ganhou a calma e o equilíbrio da mãe. "Nunca perco a cabeça", diz ela. "Bem, quase nunca. E isso veio dela. É uma boa qualidade de se ter no meio do entretenimento e da política."

É um ótimo presente saber que alguém está parado na rua esperando por você de braços abertos, dando-lhe boas-vindas ao chegar em casa.

Anjelica Huston

É atriz, diretora e produtora. Recebeu um Oscar por sua atuação em *A honra do poderoso Prizzi*. Foi indicada mais duas vezes e recebeu cinco indicações ao Emmy por seu trabalho na televisão. Recebeu um Globo de Ouro em 2004. Além disso, dirigiu vários filmes. Sua produtora é a Gray Angel Productions.

Capítulo 15

Anjelica Huston sobe as escadas de um grande estúdio que divide com o marido, o escultor Robert Graham. Em suas mãos, uma pequena vasilha plástica contendo um pano de pratos cuidadosamente dobrado e um filhote de beija-flor que ela acabou de resgatar das garras de um de seus gatos. O pequeno pássaro parece não estar ferido; olha para cima e espia. Concordamos que provavelmente ele simplesmente foi empurrado para fora do ninho pela mãe — a abrupta mas necessária primeira lição de voo — e o gato agarrou a avezinha vulnerável. Anjelica coloca a vasilha em um balcão alto no segundo andar, longe do alcance dos gatos, e senta-se para conversar sobre a mãe, que morreu quando Anjelica estava com apenas dezessete anos.

◆ ◆ ◆

Enrica Somma, conhecida como Ricki, era filha de um imigrante italiano. Ela e seus quatro irmãos foram criados em Nova York, onde o pai tinha conseguido montar um restaurante, depois de ter se matado de trabalhar como ajudante de garçom. Tony Somma era um personagem colorido; começou a fazer ioga com trinta anos e tinha filosofias e práticas raras.

— Lembro-me de quando íamos passar uns dias com o vovô — diz Anjelica — e ele nos fazia ficar apoiados sobre a cabeça e cantar *Oh, what a beautiful mornin*. Isso fazia parte da rotina dele.

Aos catorze anos, Ricki se apaixonou pelo balé e entrou para o New York City Ballet. "Minha mãe era muito bonita. Era alta, com cabelos escuros e olhos azuis acinzentados. De fisionomia muito exótica, ela possuia uma aparência atemporal."

Muito jovem, o caminho de Ricki cruzaria com o de seu futuro marido, John Huston. Foi durante a Segunda Guerra Mundial, tempo da Lei Seca. Tony Somma tinha um bar que vendia bebidas alcoólicas ilegalmente em Nova York. Muitas pessoas de Hollywood apareciam ali, e Tony frequentemente trazia Ricki para o clube e a apresentava a pessoas famosas e influentes.

— Certa noite — diz Anjelica — ela foi apresentada a meu pai. Ela mencionou que toda vez que ia ao balé seu pai a fazia escrever um ensaio de três páginas sobre isso. "Bem", ele disse, "vou levá-la ao balé e você não vai ter de escrever nada." Mas antes que pudesse levá-la, ele foi convocado, então mandou uma carruagem e uma flor para o pulso para que a jovem pudesse ir ao balé em grande estilo.

Em famílias de atores, as histórias não são muito rígidas, e Anjelica está ciente de que esta pode ter sido um tanto enfeitada. Mas segundo o folclore dos Huston, a outra metade da história se desenrolou da seguinte maneira:

— Anos depois, minha mãe estava no New York City Ballet e um fotógrafo veio fotografar a primeira bailarina. Ele viu minha mãe e achou-a muito bonita, fotografou-a e a foto apareceu na capa da revista *Life*. Ela recebeu uma proposta de contrato de Selznick* para ir a Hollywood. Foi como acabou indo para lá. Tony só lhe disse uma coisa antes de partir: "Não fume".

— Pouco depois de sua chegada a Hollywood, ela estava em um jantar na casa de Selznick e a sua esquerda estava John Huston. Ele se inclinou e disse: "Não acredito que nos encontramos". E ela respondeu: "Sim, nos encontramos". Esse foi o começo do relacionamento deles.

Nessa época John era casado com Evelyn Keyes, mas eles estavam tendo problemas — principalmente, diz Anjelica, em razão dos dois macacos de estimação de John.

— Ele era muito apegado aos macacos, e eles começaram a rasgar as roupas de baixo de Evelyn, ou coisa parecida. Então um deles, a fêmea, acho, atacou-a. Isso acontecia muito com meu pai: ele tinha um poder estranho sobre os animais. Eles se tornavam tremendamente possessivos em relação a ele. Nesse caso, em seu favor, pois ele e Evelyn romperam e ele assumiu minha mãe. Ela ficou grávida de meu irmão, Tony, antes de se casar. E eu nasci um ano depois.

---

* Referência a David Selznick, um dos maiores produtores da era de ouro de Hollywood (1930-1940). (N. da T.)

Ricki era uma mãe jovem, tinha apenas 21 anos quando Anjelica nasceu. Mas como as percepções das crianças não são sempre baseadas na realidade, Anjelica não via uma mulher jovem casada com um homem muito mais velho.

— Quando penso hoje em como a considerava, tão adulta, tão autoritária, realmente muito rigorosa, fico impressionada. Ela era muito madura para a idade, mas, mesmo assim, 21 anos é muito jovem. Ela era muito divertida, porém. Era moderna, perspicaz, adorava dançar. Quando eu tinha uns catorze anos, ela me levou para ver Ike e Tina Turner em Londres.

— Mas eu sentia falta de um tipo de "caminho do meio" mais sólido. Minha mãe era, às vezes, muito boêmia para o meu gosto, uma mãe de primeira viagem. Outras vezes, muito rígida. Mais adequada ou menos adequada, nunca consegui decidir.

Anjelica não tem certeza de quando as coisas começaram a ficar ruins entre seus pais. É possível que nunca tenham sido nada fáceis. John manteve relacionamentos com outras mulheres ao longo de todo o casamento com Ricki, assim como teve com suas companheiras anteriores. Ele era um tanto ausente, e viajava muito para lugares distantes. E quando voltava para a família na Irlanda, Ricki corajosamente tentava se tornar uma amazona perfeita, para "cavalgar nas caçadas". Ela queria impressionar o marido, sabendo como a vida equestre era importante para ele.

— Cavalgar era uma exigência para qualquer mulher na vida de meu pai — diz Anjelica.

Mas Ricki não nascera para isso. Seu corpo flexível de dançarina fazia com que fosse difícil manter-se sobre o cavalo. Ela caiu várias vezes. Depois de uma experiência ruim, quando acabou sobre um enorme monte de esterco de porco, deu por encerrados seus esforços para ser a amazona que John queria que fosse.

Então ela começou a construir sua própria vida, levando tecidos irlandeses — especialmente *tweeds* — para que modistas de alta costura em Paris transformassem em última moda. "Acho que a Irlanda era muito solitária para ela. A Irlanda era um ambiente equestre, e muitas pessoas a nossa volta eram mais velhas. Minha mãe tinha alguns amigos, mas não se adequava a eles."

Às vezes, depois de adultos, nos damos conta de que somos capazes de preencher as lacunas de nossas infâncias. Uma das peças faltantes de Anjelica tinha a ver com a separação dos pais. Ela hoje sabe que ocorreu quando tinha onze anos, mas na época ninguém explicou a ela ou a Tony o que estava acontecendo.

— Só nos disseram: "Vocês têm de ir para a escola em Londres agora. E sua mãe vai viver em Londres com vocês, e vocês virão à Irlanda passar férias". Mudamo-nos para a casa de nosso ex-tutor em um lugar chamado Rosary Gardens. Ele havia nos ensinado francês quando éramos pequenos e era amigo de minha mãe. O nome dele era Leslie Waddington.

— Eu odiei o apartamento; odiei a escola para onde fui mandada. Estava péssima. Comecei a contrair todos os tipos de doenças infantis que podia. Até que um dia caí no *playground* e fraturei um ossinho da coluna. Acabei imobilizada por meses, o que gostei bastante, porque assim consegui alguma atenção.

Se Ricki às vezes era uma mãe atenta e protetora, também era uma mulher jovem que queria viver a própria vida. O resultado disso é que deixou os filhos com babás por períodos significativos de tempo. Anjelica chorava todos os dias em que era mandada para a escola que odiava, mas ninguém se preocupou em enxugar suas lágrimas ou investigar os motivos de sua infelicidade. Ela se sentia extremamente deslocada na nova escola. Mesmo o francês que ela havia aprendido na infância não era o francês mais formal de seus colegas. Deslocada geográfica e socialmente, a casa também era um local incerto. Sua mãe estava ali, enquanto o pai ainda vivia na Irlanda, e ninguém dizia por quê.

◆ ◆ ◆

Tanto John como Ricki estavam tendo casos, e ambos acabaram aumentando a família Huston. John teve um filho, Danny, e então Ricki engravidou de Allegra. Por algum tempo, a mesma mortalha de segredo que pairou sobre a separação de John e Ricki foi usada em relação a esses novos desdobramentos.

— Fomos visitar meu pai — diz Anjelica — e ele saiu e anunciou: "Ótimas notícias! Vocês têm um irmão". Então voltamos para casa, minha mãe estava ganhando peso, e disse: "Vocês não podem facilitar minha vida? Estou no sétimo mês de gravidez".

Crianças que crescem em meio a segredos aprendem cedo a arquitetura do medo. Elas veem a vida como uma casa mal construída, sempre pronta a ruir. Anjelica descreve isso como "um sentimento constante de mau pressentimento que estava sempre lá como uma corrente submarina. O que vai acontecer agora? Quem vai aparecer agora?".

E também aprendem a ser sigilosos.

— Eu não falava com ninguém sobre o que estava acontecendo ou como me sentia — admite. — Nem com meu irmão nem com amigos. Guardava tudo para mim.

Geralmente as sombras do segredo que caem sobre a vida de uma pessoa são, com o tempo, dissipadas — quase sempre muito depois da infância, quando pais e filhos são mais velhos. Quando os papéis são menos definidos, menos importunos. Quando a conversa flui com mais facilidade. Quando velhas questões são deixadas no limbo.

Este é um cenário que Anjelica jamais conhecerá. Foi eliminado do campo das possibilidades quando ela contava dezessete anos.

— Minha mãe estava viajando de carro com o namorado, um homem mais jovem do que ela. Eles partiram de Londres com destino a Veneza e o carro colidiu com um caminhão. Não sei qual foi o momento de sua morte. Não sei quanto tempo ela viveu.

Anjelica foi acordada por Leslie Waddington. Eles não moravam mais na casa dele. Nessa época, Ricki tinha a própria casa em Londres, onde Anjelica e Allegra, então com quatro anos, ficavam com uma babá. De alguma forma Leslie soube antes da notícia e sua maneira de transmiti-la a Anjelica foi sacudi-la para que acordasse e dizer: "Acorde. Acordou? Sua mãe está morta".

— Nunca vou perdoá-lo por isso — diz Anjelica.

Ela tinha perdido o progenitor que jamais esperara perder. "Foi simplesmente o maior choque da minha vida. Era impossível. Sempre esperei que meu pai caísse morto a qualquer momento. Ele fumava demais, cavalgava rápido demais, bebia demais. Era descuidado e destemido, sempre se machucando em alguma aventura. Mas minha mãe não ia morrer nunca. Nunca me passou pela cabeça que uma coisa como essas poderia acontecer."

O velório de Ricki foi feito em uma igreja Quaker em Londres, e Anjelica participou. Mas rapidamente fugiu.

— Eu literalmente saí correndo. Não queria ficar naquela casa; não queria olhar para o meu irmão nem para a enfermeira. Queria estar muito, muito longe dali.

Ela foi a Nova York e substituiu Marianne Faithful em *Hamlet*. Mas a tristeza e a perda não ficaram para trás; elas a seguiram pelos continentes e oceanos.

— Você nunca supera — diz Anjelica. — Mesmo hoje. Às vezes parece uma história antiga, mas às vezes parece muito recente.

A morte não "apenas" nos rouba pessoas; ela também nos rouba possibilidades, sonhos, imaginações de um futuro. Deixa para trás um amontoado de história, que leva tempo e lágrimas para resolver.

— Coloco minha mãe em meu trabalho constantemente. Acho que ela nunca teve a chance de agir segundo sua força pessoal. Era muito mais talentosa do que jamais pôde se beneficiar. Mas não tinha autoconfiança e certamente não teve apoio. Meu pai a tratava como tratou a maioria das mulheres, e isso me entristece. E me enerva um pouco.

Anjelica presenciou um momento muito estranho, mas doce, tempos depois da morte da mãe. "Foi logo depois que Jack Nicholson e eu nos separamos; e eu estava muito, muito triste. Como em uma noite escura da alma. A campainha da minha casa tocou — eu estava morando nos cânions naquela época — e era um entregador da FedEx. Ele tinha uma encomenda para mim do meu tio pelo lado materno. Ele encontrara, no sótão, um poema emoldurado que minha mãe havia escrito ou copiado aos nove anos. Com caligrafia comprida e fina dela, dizia: 'O cedro é grande e alto, ele oscila e balança com o vento. E quando o vento vai uivando, penso na ave de asa quebrada que vai encontrar o conforto que o cedro trará'. Isso me pareceu um tipo de mensagem. Então, acho que ela está por aí em algum lugar."

Quando nos despedimos, Anjelica vai verificar o filhote de beija-flor, que, esperamos, aprenderá a voar sem a mãe.

Como filhas, a maioria de nós no final faz o mesmo. Quer nossas relações com nossas mães sejam atribuladas ou suaves, muito breves ou felizmente longas, em algum momento voamos com nossas próprias asas. Mas nunca paramos de querer que nossas mães estejam nos observando — para sentir orgulho, preocupação e amor. Se elas se vão, confiamos no mistério, na possibilidade de que ainda estejam em algum lugar.

Ruby Dee

É atriz, poeta, dramaturga, escritora e ativista. Ela estrelou *O sol tornará a brilhar* tanto no palco como na tela e apareceu em muitos outros filmes, alguns de caráter político. Indicada sete vezes ao Emmy, ganhou o prêmio pelo filme para a televisão *Decoration day*. Com o marido, Ossie Davis, escreveu *With Ossie and Ruby: in this life together*. Em 2008, foi indicada ao Oscar por *O gângster*.

Capítulo 16

Até completar onze anos, Ruby Dee acreditava que sua mãe fosse Emma Wallace. Elas eram até mesmo parecidas. Ruby, mais do que seus três irmãos, tinha as feições fortes de Emma. Como a mãe de Emma era mestiça de índios norte-americanos e negros, ela herdara o perfil penetrante e os cabelos lisos e negros do pai, que trançava e enrolava em coques presos de cada lado da cabeça.

Na autobiografia de Ruby, coescrita com o marido, Ossie Davis (*With Ossie and Ruby: in this life together*, que recebeu um Grammy de *spoken Word** em 2007), ela descreveu o momento em que a verdade foi revelada a ela:

"Era um dia cinzento e eu estava perto do piano na sala de estar quando meu irmão Edward disse:

— Ela não é sua mãe de verdade, você sabe. Gladys Hightower é sua mãe verdadeira.

Não acreditei nele. Ele me explicou a história... da melhor maneira que pôde."

A verdadeira história era que Gladys Hightower abandonara o marido, Edward, e os três filhos. Fora embora para

---

* Tipo de declamação com fundo musical. (N. da T.)

seguir um pastor de fala mansa que prometera conduzi-la à salvação. Ruby ainda era um bebê quando Gladys se foi, então as lembranças que possuía dela foram apagadas e engolidas pelo tempo. Ela simplesmente havia aceitado que Emma era sua mãe... até aquele dia de inverno.

Gladys, no final, entraria novamente na vida de Ruby esporadicamente e nunca de uma maneira feliz. Era uma estranha dualidade: duas mães, uma que lhe havia dado à luz e outra que a criara. Mas Emma era a única que ela chamava de "mãe".

◆ ◆ ◆

Emma Benson era treze anos mais velha do que Edward Wallace. Segundo Ruby, eles se gostavam e precisavam um do outro, mas não havia sinais de que fosse um grande caso de amor. Emma geralmente costumava dizer para sua prole adotiva: "Casei com seu pai pelo bem de vocês".

Ela se apiedara do jovem abandonado pela esposa idealista. Chegou até a ajudar a pagar o divórcio de Edward; e quando se soube que Gladys estava grávida de outra criança, também de Edward, Emma decidiu adotar a menina.

A nova família se mudou de Cleveland, Ohio, para o Harlem. Era 1924 — uma época bem difícil para os negros nos Estados Unidos. O Harlem era um ponto de conexão na luta pelo fortalecimento racial. Havia manifestações, pessoas discursando nas esquinas e brigas frequentes nas ruas, muitas resultando em ferimentos e até em morte. No Sul, as leis Jim Crow* eram duramente aplicadas. Se você fosse negro, sentava-se no fundo do ônibus; se tomasse um trem, seu lugar era no vagão atrás da máquina. Foi nesse mundo que Ruby nasceu. Era um mundo que Emma conhecia e não estava disposta a aceitar.

Na Atlanta University, Emma tinha estudado com W. E. B. DuBois, o conhecido filósofo e historiador negro que Martin Luther King enaltecia e mencionava frequentemente. Ela então foi para a Columbia University. Tinha opiniões políticas fortes e se recusava a aceitar o racismo que dominava a América. Ruby se lembra que Emma levou consigo as quatro crianças para um piquete na rua 125, em frente à loja de departamentos Blumstein, que durante anos se recusara a contratar pessoas negras para qualquer outro trabalho que não fosse o de porteiro ou zelador.

Ela também parava na rua sempre que discursos improvisados estivessem sendo feitos e encorajava os filhos a ouvir e prestar atenção. Para aprender.

Ruby descreve Emma como "uma mãe prática" e "uma mulher talentosa".

— Ela ganhava um dinheiro extra alugando os quartos vagos de casa — diz Ruby. — E sempre que tinha sorte com cavalos ou números, alugava outro apartamento em nosso prédio e sub-locava os cômodos. Não havia muitos

---

* Legislação segregacionista que vigorou nos Estados Unidos entre 1876 e 1965. (N. da T.)

hotéis que hospedassem afro-americanos na época, então as pessoas podiam alugar quartos para visitar parentes. Vários locatários de mamãe eram músicos e artistas que vinham à cidade para curtas estadas. Cheguei a conhecer algumas pessoas famosas dessa forma.

Ruby reconhece que Emma fez questão de que os filhos aprendessem música, lessem poesia e estudassem muito. Ela, que já tinha sido professora primária, estava determinada a colocar os filhos acima do que a América branca esperava e os encorajava a se tornar.

Crianças querem atenção e aprovação dos pais, e vão escolher os caminhos que conduzam à realização. Ruby aprendeu a tocar piano e violino, escreveu poesia e estudou bastante a ponto de poder mostrar seus talentos e boletins para as visitas. "Era uma grande fonte de orgulho para nós duas", ela relembra. Ela ia à escola dominical, depois à igreja; dobrava suas roupas, fazia a cama e mantinha seu espaço no apartamento limpo e organizado.

Mas crianças também são profundamente perspicazes no que se refere à ausência. Em sua autobiografia, Ruby escreveu:

"Havia uma distância entre Emma e nós, crianças. Ela não era o tipo de mãe a quem corríamos para abraçar, não nos pegava para fazer cócegas ou ria alto e brincava conosco. Ela raramente abraçava, beijava ou demonstrava afeto, mas acredito que nos amava."

Os momentos em que Emma foi capaz de demonstrar afeição ficaram gravados na memória de Ruby.

Ruby era uma criança frágil, que contraiu raquitismo muito cedo. Em consequência da doença, tinha convulsões e se sentia mal constantemente. Ela se lembra de uma noite em que estava tão doente que não conseguiu chegar à mesa do jantar. Ouviu Emma perguntar: "Onde está a Ruby?". E então Emma foi até ela e a encontrou encolhida em uma cadeira; ela pegou a menina nos braços e levou-a até a cama.

Ruby se lembra, também, de quando tinha cerca de quatro anos, ao derrubar e quebrar sua nova boneca de porcelana. Seus soluços motivaram Emma a pegá-la e abraçá-la com força até que as lágrimas secassem. "Naquele momento", diz Ruby, "senti o amor dela por mim."

Esses acontecimentos são tocantes quando se ouve, mas foram raros. Mesmo assim, Emma foi a mãe que Ruby respeitou e adorou.

Era ela quem estava determinada a inspirar e encorajar seus filhos, e Ruby não a desapontou. Ruby frequentou o Hunter College High School e mais tarde entrou no Hunter College. Emma a incentivou, assim como a educou para se manifestar diante da injustiça. Muitos anos depois, Ruby Dee e Ossie Davis seriam vozes fortes na batalha pelos direitos civis e pela igualdade racial.

◆ ◆ ◆

Durante grande parte da vida de Ruby, Gladys Hightower aparecia para breves visitas, assim como enviava doces e presentes ocasionalmente. Quando adolescente, Ruby admite que sentia desprezo pela mulher que havia abandonado sua família. Mas se tornou óbvio que Gladys tinha problemas sérios — muitas de suas cartas eram sobre Deus, espaçonaves e demônios comunistas.

Conforme Ruby foi envelhecendo, seu desprezo foi sendo substituído pela tolerância e até mesmo simpatia. Em uma visita em 1955, quando Ruby e Ossie já estavam casados, com dois filhos, Nora e Guy, Gladys implorou para levar Nora a um passeio e Ruby permitiu. No caminho, ela pediu à criança que a chamasse de vovó Gladys. Nora o fez, e quando chegou em casa contou a Ruby sobre o pedido. "Só não deixe a vovó Wallace ouvir você dizer isso", advertiu à filha.

Em seu favor, Ruby pode agora dizer que vê certos traços físicos de si mesma — movimentos, modo de falar — herdados de Gladys. Mesmo que Emma seja a mulher que adotou Ruby e seus irmãos, Gladys é parte deles. O sangue dela corre em suas veias. Além das dificuldades de uma história dispersa, Ruby encontrou a doçura que vem com a aceitação.

Gladys faleceu em 1965, pouco depois de ligar para Ruby para dizer que logo estaria partindo em uma espaçonave. Ela faleceu no toalete de um cinema em Detroit. Ruby e sua irmã LaVerne foram a Detroit e organizaram o sepultamento. Isso fechou um capítulo na vida de Ruby, mas nada estanca as memórias de uma pessoa. Às vezes, quando Ruby ouve sua própria voz, ela se lembra da voz de Gladys. Às vezes, quando olha para os filhos ou netos, ela vê um movimento, um menear de ombros...

❖ ❖ ❖

Emma faleceu em 1970 enquanto visitava Ruby e Ossie. Como acontece com frequência quando um ente querido está à beira da morte, Ruby sentiu uma ansiedade estranha e pouco familiar naquele dia. Ela havia marcado um compromisso com um instrutor de atores, que manteve, apesar de se sentir ausente de tudo. Também manteve um encontro para o almoço, durante o qual tentou ligar para Emma, mas lhe disseram que a mãe estava dormindo. Não quis acordá-la.

Naquele dia, mais tarde, Nora encontrou Emma caída no chão do banheiro. Ossie a carregou até o sofá e eles chamaram um médico que morava do outro lado da rua, mas era tarde demais. Emma se fora. Tinha 87 anos.

Ele transmitiu a notícia para a esposa naquela noite no teatro (ela estava interpretando a peça off-Broadway *Boesman and Lena*) e Ruby de repente entendeu por que se sentira tão aérea o dia todo. A única mulher que ela havia chamado de mãe partira, mas Emma deixou sua marca na alma e na vida de Ruby. Seu desejo em relação às crianças que adotara era o de que crescessem e fossem o melhor possível, e Ruby fez jus a esse sonho.

❖ ❖ ❖

Ruby Dee teve de aceitar a complexidade de duas mães: uma que não sabia sê-lo e outra que queria assumir a tarefa, mas que achou o encorajamento mais confortável do que a afeição.

Emma Wallace e Gladys Hightower vivem ambas em Ruby — de formas diferentes, profunda e permanentemente. Sua aceitação das duas mulheres que a formaram de tantas maneiras é um testamento das escolhas que fez na vida — ela podia ter escolhido a amargura, mas não o fez.

— Quando ficamos mais velhas — diz Ruby —, mais percebemos como a relação entre mãe e filha é profunda.

Não fica claro de que mãe ela está falando, mas não importa. Ela aceitou as duas.

Julianna Margulies

É vencedora do prêmio Emmy de melhor atriz, e é conhecida principalmente por seu trabalho como a enfermeira Carol Hathaway na série *E.R.* Desde que saiu do programa, trabalhou com regularidade no palco e na tela. Estrelou a minissérie da TNT *As brumas de Avalon*, trabalhou em *Searching Debra Winger*, assim como em vários episódios de *Família Soprano*.

Capítulo 17

Julianna Margulies é filha de uma mãe criativa, de espírito livre — uma bailarina —, que achava que fazia muito mais sentido gastar dinheiro em uma viagem para a Índia do que em coisas mundanas como uma máquina de lavar ou secar roupas. Sendo a mais nova de três meninas, Julianna herdou algumas histórias das quais fez parte, mas de que não se lembra realmente, porque era muito nova quando aconteceram. Como esta:

As três meninas viviam com a mãe em Paris (os pais de Julianna se separaram quando ela ainda era bebê) e sua mãe estava saindo com um homem que tinha um macaco de estimação. Certa noite, querendo um tempo a sós, a mãe e o namorado colocaram o animal no quarto das meninas... *com* elas junto.

Ao acordar de repente e se deparar com um macaco em sua cabeça, Julianna começou a gritar. As irmãs também começaram a gritar e o macaco as acompanhou. A mãe abriu a porta e perguntou: "Que bagunça é essa?".

Elas gritaram que havia um macaco no quarto e a mãe disse: "Ah, pelo amor de Deus, crianças, é só um macaquinho".

❖ ❖ ❖

Francesca Gardner entrou na School of American Ballet (SAB) aos sete anos. Ela morava no Brooklyn e todo dia pegava o trem para Manhattan sozinha, para estudar dança.

— O balé salvou sua vida — diz Julianna. — Era o que ela sempre dizia. Ela odiava a escola, sua casa não era um lugar feliz e ela achava que o balé tinha permitido que escapasse de uma vida no Brooklyn que a aprisionaria. Manhattan para minha mãe era uma "Meca", era mágica. Ela ficou na SAB até os dezoito anos e então passou a fazer parte da companhia do American Ballet Theatre.

❖ ❖ ❖

A mãe de Francesca era pianista e o pai, dono de um salão de beleza. O casamento era carregado de tensão, em parte porque o pai de Francesca tinha várias amantes. Afinal, seus pais se divorciaram.

Quando estava apresentando *My fair lady*, Francesca, então com vinte e poucos anos, teve um encontro arranjado com Paul Margulies. Ele estudara para ser advogado, mas o que realmente queria era escrever poesias. Era o início dos anos 1960, e a revolução estava em toda parte — nas ruas, nas casas e no ar. O desejo de encontrar uma maneira diferente de vida separava gerações e deixava confusos os pais que assistiam desamparadamente seus filhos irem embora para terras distantes, com dinheiro de menos e sonhos demais. Para horror de sua mãe, Paul deixou a advocacia, se tornou vegetariano e começou a estudar agricultura biodinâmica. Assim que ele e Francesca se casaram, os dois partiram para Israel.

— Meu pai estava procurando seu caminho na vida — diz Julianna. — E, na verdade, acho que os dois estavam tentando se afastar o máximo possível dos pais.

Francesca teve sua primeira filha, Alexandra, em Israel. Uma experiência que ela descreve como "horrível".

— Ela estava com 24 anos, não tinha família ali e o hospital não dava nenhuma medicação para dor. Eles disseram para ela simplesmente gritar.

Israel não era o que eles pensavam. Francesca, Paul e Alexandra voltaram para Nova York e montaram uma casa no Upper West Side. Paul arrumou um emprego como revisor de anúncios publicitários e eles tiveram a segunda filha, Rachel.

— Minha mãe adorou — diz Julianna. — Ela estava de volta ao seu mundo, tinham amigos ao redor e a família por perto. E então...

Veio a decisão de se mudarem para os subúrbios — uma decisão que Francesca alega ter arruinado tudo. Era uma tendência na época, mudar da cidade para áreas remotas, e então a família se mudou para Spring Valley, Nova York, onde Julianna nasceu em 1966.

— De repente minha mãe passou a ir buscar meu pai na estação de trem; ele tinha de viajar 45 minutos todo dia, e odiava esse percurso. Ela disse que essa foi a ruptura de sua vida, porque de repente se viu presa em casa. Em vez de levar as filhas ao Central Park e ser como todas as outras mães chiques, tinha virado uma dona de casa suburbana. Ela era uma bailarina e se sentia enjaulada. Percebo isso agora, mas não percebia quando era criança.

Francesca e Paul se separaram quando Julianna tinha um ano, e ele se mudou para Paris, onde escreveu *jingles* de perfumes para uma agência de publicidade. Depois de um ano, a família o seguiu, o que para Francesca foi uma dádiva.

— Isso a tirou do subúrbio; as crianças precisavam ficar perto do pai. Foi um paraíso para minha mãe, era a liberdade.

Mas em relação à vida amorosa de Francesca, Julianna diz: "Isso cria uma relação complicada entre mãe e filhas".

Menos complicada para Julianna do que para as irmãs. Alexandra, por ser a mais velha, suportou o peso de tudo. Ela ansiava desesperadamente por uma vida mais regrada, mais comum; por isso se casaria aos 22 anos e seria mãe de dois filhos aos 28. "Ela queria uma vida diferente. Só queria estabilidade. Nós não tivemos isso. Tivemos muitas outras coisas, e sempre fomos amadas, mas não tivemos estabilidade."

Por ter dois anos quando estava em Paris, o francês se tornou a primeira língua de Julianna. Mas a inquietação dos anos 1960 ainda estava presente tanto em Paul como em Francesca. Depois de dois anos, ele arrumou um emprego em Londres e ela decidiu estudar no Emerson College, em Sussex. Ela queria aprender euritmia, uma forma de arte com fala e música por meio do movimento, desenvolvida por Rudolph Steiner. A euritmia tornou-se a paixão de sua vida, algo que ela ainda ensina.

— Minha primeira língua então era o francês — diz Julianna — e meu primeiro sotaque era o britânico. Recusei-me a falar francês quando nos mudamos para Sussex porque não queria ser diferente.

Mas ela logo teria de aprender como perder seu sotaque britânico. Quando Julianna começou o primeiro ano da escola, a família se mudou de novo — de volta para os Estados Unidos, de volta a Nova York, e para Francesca e as meninas, de volta ao subúrbio. Paul vivia em Manhattan e trabalhava em outra agência de publicidade. Ele se tornaria famoso pelo anúncio de Alka-Seltzer ("Plop, plop, fizz, fizz..."). Francesca continuou a estudar euritmia em Nova York.

— Foi uma época de ouro para mim — explica Julianna. — Eu me sentia segura, apesar de minha mãe ter um namorado atrás do outro. Alexandra costumava atender ao telefone quando eles ligavam e dizer: "Minha mãe não gosta mais de você", e desligar. Quando se é criança, ou você se apega a esses homens ou os odeia, mas, por ser a mais nova, eu queria que todo mundo fosse feliz, então não causava muitos problemas. Adorava minha escola em Spring Valley; passávamos os fins de semana com meu pai em Manhattan. Achava que tinha o melhor dos dois mundos.

— O namorado mais sério de minha mãe nessa época foi meu professor de educação física, que eu adorava. E nós alugamos o porão para um amigo dele, que me ensinou a tocar guitarra. Não tínhamos muito dinheiro, e não tínhamos televisão, então armávamos peças de teatro... sempre tínhamos pessoas ali, a casa estava sempre cheia de música. Lembro-me daquele tempo com muito carinho. Então, quando eu tinha dez anos, minha mãe resolveu mudar de vida. Ela disse: "Estou cheia do subúrbio". De novo. E dessa vez decidiu se mudar para a Alemanha.

Francesca alugou a casa de Spring Valley e foi para Nuremberg, na Alemanha, sem as meninas, deixando-as com Paul enquanto se acomodava. Mas pouco antes da hora em que as filhas deveriam encontrá-la, ela ligou gritando histericamente que odiava a Alemanha — não podia ficar ali. "Mande as crianças para a Inglaterra", disse.

— Ela havia arrumado um emprego em uma escola para crianças com deficiência mental — diz Julianna. — Então foi para onde nos mudamos. Essa é a história de nossa vida: tudo sempre desorganizado. Alexandra se recusou a ir e ficou em Nova York com nosso pai. Rachel e eu pegamos um voo noturno. Ela estava com catorze anos e eu, com onze. Acabamos ficando na Inglaterra pelos dois anos seguintes.

— Minha mãe nunca conseguiu entender a diferença que era dirigir na Inglaterra. Ela sempre ia pelo lado errado da rua; nossos carros eram sempre repletos de batidas, que por fim acabavam sendo abandonados. Além do mais, minha mãe vivia se atrasando para todos os compromissos. Quando cheguei à sétima série fiquei exultante, pois podia ir a pé para a escola e não precisava mais contar com ela para me levar. Hoje sou a pessoa mais pontual do mundo, porque os atrasos de minha mãe ficarão para sempre em minha memória.

◆ ◆ ◆

Julianna e Francesca conversaram sobre o passado. "Tivemos boas conversas e superamos o que foi mal digerido. A verdade é que sempre me senti amada; sim, ela era pouco convencional, mas me fez ser quem sou. Não que sentisse que havia um teto sobre minha cabeça: eu só queria mais estabilidade. Então eu criava laços estáveis onde quer que estivesse. Minha melhor amiga é uma pessoa que conheci na Inglaterra aos três anos. Faz dois anos que não a vejo, mas nós duas podemos sentar e conversar até o amanhecer. Nosso laço é eterno.

— Tenho uma família de amigos no mundo inteiro. E tenho uma noção diferente de respeito por esse tipo de unidade do que teria se tivesse tido pai e mãe que nunca se mudaram. Acho que sou atriz por isso — adoro me colocar no lugar do outro.

◆ ◆ ◆

Julianna agora é mãe. Ela teve um filho, Kieran, em janeiro de 2008. Recentemente, tanto sua mãe como sua sogra vieram passar alguns dias com ela para ajudar a cuidar do bebê.

— Foi tão bonito vê-las com ele, duas pessoas que o amam tanto quanto eu. Entendo agora o que minha mãe sempre disse: que ninguém se importa com sua temperatura como as mães.

Francesca pode ter sido uma mãe pouco convencional, uma mãe que não se importava com os uniformes exigidos quando as meninas iam para a escola na Inglaterra.

"Ela costumava me mandar para a escola com meu blazer de montaria no lugar do blazer azul obrigatório. Eu ficava mortificada. Ela simplesmente achava esses detalhes bobos." Mas...

— Ela também era uma mãe que nunca ficou brava. Quando eu era adolescente e bati o carro a primeira coisa que ela disse foi: "Você está bem?". As coisas materiais não importavam para ela; ela só queria ter certeza de que eu não havia me machucado. Na verdade, só bati o carro porque olhei para baixo para mudar o rádio de estação.

Algumas filhas têm de esperar um pouco para que as mães assentem e assumam completamente seus papéis maternos. Eis aqui uma história de quando Julianna tinha trinta anos, e *não* envolve um macaco de estimação:

— Estava fazendo uma peça em Poughkeepsie, em Nova York, e fiquei hospedada em uma república estudantil, então levei minha roupa suja para a casa da minha mãe. Ela finalmente havia comprado uma máquina de lavar e uma secadora. Coloquei minha roupa para bater e deitei para tirar uma soneca. Quando acordei, minha mãe, que canta muito bem, estava cantando e passando minhas camisas com *spray* de engomar. Olhei para ela e disse: "Mãe, não sei se acordei na casa certa".

— Ela levantou o *spray* de engomar e disse: "Comprei isso no Kmart, é fantástico!".

— Continuei: "Quem é você?".

— E ela me disse: "Sabe de uma coisa, querida? Estou pronta para ser mãe agora. Eu era muito nova, não estava pronta. Eu amava vocês todas, mas não queria passar camisas, queria sair para ver o mundo". Isso para mim foi o início de nossa relação adulta.

Julianna descobriu que ouve a mãe agora de um jeito que nunca fez antes e está mais madura para apreciar a sabedoria que Francesca tem a oferecer — algumas pérolas como: "Quando em dúvida, não faça".

— Quando tinha vinte e poucos anos, eu não levava o que ela dizia a sério porque ficava irritada. Ela não era determinada o suficiente para que eu a respeitasse. Só por volta dos 35 anos foi que passei a ter um respeito incrível por ela, porque a aceitei do jeito que é. E percebi que a única pessoa para quem posso ligar às 6 da manhã depois de ter passado a noite toda preocupada com alguma coisa é minha mãe. A verdade é que, se você quer ter uma relação com sua mãe, tem de aceitar quem ela foi no passado para seguir adiante.

◆ ◆ ◆

Há uma citação de Rudolph Steiner (o homem cujos ensinamentos Francesca passou décadas estudando) que pode ser aplicada à jornada da vida. Ele disse: "Uma natureza verdadeiramente artística recebe com prazer tudo o que pode servir para ampliar e enriquecer o campo inteiro da arte". Para muitos artistas, a vida e a arte estão entrelaçadas. Como filha de uma artista, Julianna conseguiu apreciar a riqueza de uma infância pouco convencional — cheia de mudanças imprevisíveis, com um macaco no quarto, carros caindo aos pedaços... mas sempre com a certeza do amor.

Diahann Carroll

É atriz e cantora. Trabalhou na Broadway, no cinema e na televisão. Em 1968, estrelou o programa *Julia* e foi a primeira atriz afro-americana a protagonizar a série e cujo papel não era de uma empregada doméstica. Diahann recebeu um Globo de Ouro por sua interpretação.

Capítulo 18

Quando Diahann Carroll fala sobre ter precisado, em certo momento, se separar um pouco da mãe, ela não está se referindo a sua adolescência — aquela época de mau humor em que as garotas tipicamente se distanciam das mães e batem a porta do quarto atrás delas. Ou talvez a porta da frente. Ela fala sobre um momento profundo na vida delas quando simplesmente foi necessário haver um pouco mais de espaço entre ambas. Diahann e a mãe eram incrivelmente próximas; a amizade que muitas de nós encontramos mais tarde com nossas mães foi algo que ela teve desde o princípio.

— Tínhamos nossas desavenças e desacordos de vez em quando — diz ela. — Mas se havia alguma questão mais complexa com que se precisasse lidar, sempre recorria a ela, e ela a mim.

◆ ◆ ◆

Mable Faulk nasceu na Carolina do Norte de uma mãe forte e corajosa, que assumiu o controle depois que o marido foi morto em um acidente na lavoura. Orgulhosa e destemida, ela levava a produção à cidade para vender no mercado, mesmo sendo a única mulher negra ali.

— Minha avó aprendeu a ser uma sobrevivente durante um período terrivelmente difícil deste país. Ela era extremamente forte e muito determinada, e não tenho certeza de que minha mãe realmente a tenha admirado até que fosse muito velhinha. Mas elas, também, tinham uma relação próxima.

A mãe de Mable criava porcos e cultivava tabaco assim como algodão; ela conseguia fechar as contas, mas não sobrava dinheiro para os estudos. A igreja de sua cidadezinha fez uma coleta para que Mable pudesse ir à escola. "Mas", Diahann enfatiza, "certamente não era uma boa escola. Foi difícil para mim entender que minha mãe estava lidando com muito pouca informação, já que ela praticamente não tinha estudo algum." Mesmo assim, ela reforça que a mãe vivia com muita dignidade e orgulho.

No início dos anos 1920, Mable se casou e foi viver em Nova York — no Harlem, para ser mais precisa, apesar de não gostar da maneira como o nome soava.

— Ela insistia em chamar o bairro de Morningside Heights — diz Diahann, rindo com a lembrança. — Ninguém mais chamava assim, exceto minha mãe.

Diahann, que nasceu em 1935, se lembra do Harlem daquela época como muito familiar e até elegante, um lugar calmo e modesto.

— As casas revestidas de pedra eram lindas. Era um lugar bem familiar naquela época. As crianças passavam os fins de semana na casa das outras. Fazíamos piqueniques. De certo modo, era quase formal. Minha mãe usava luvas para ir à igreja. E havia grande respeito pelo pastor, Adam Clayton Powell Jr. Ele casara meus pais, e minha mãe tinha muito orgulho disso. Fui batizada na igreja quando era bebê, com meu longo vestido de seda.

O pai de Diahann, John Johnson, apesar da pouca escolaridade, tinha um dom para números; e enquanto ele trabalhava como operador do sistema de metrô de Nova York, ele e Mable passavam noites fazendo testes para que ele pudesse trabalhar em seguros. Isso nunca aconteceu, mas John foi capaz de colocar seu talento financeiro em prática ao comprar algumas propriedades no Harlem e convertendo-as em casas de cômodos.

Catorze anos depois que Diahann nasceu, chegou sua irmã. "Minha mãe ficou um pouco surpresa", diz Diahann, reconhecendo que catorze anos é um bom tempo entre um filho e outro.

Quando a Segunda Guerra Mundial começou e muitas mulheres arrumaram empregos para ajudar nos esforços de guerra, Mable insistiu em trabalhar contanto que pudesse estar em casa quando Diahann voltasse da escola.

— Meu pai nunca aceitou muito isso — diz Diahann. — Ele sempre tentaria fazê-la mudar de ideia.

Em uma idade em que muitas garotas não querem sair com as mães, Diahann e Mable passavam um bom tempo juntas. Elas faziam compras na loja de departamento

Macy's e paravam para comer cachorro quente na barraquinha do lado de fora da loja.

— Não devíamos fazer isso. Nossa obrigação era estar em casa preparando o jantar, mas era nossa pequena aventura. Sempre fomos realmente amigas íntimas.

Ela faz uma pausa antes de acrescentar: "Não sei por que acontece isso, mas acho que muitas de nós que tivemos uma relação especialmente próxima com nossas mães têm problemas em se aproximar de homens. Observo isso em outras mulheres".

Isso também pode ter sido verdadeiro para Mable. Mesmo tendo um casamento amoroso, ela abraçou com entusiasmo a carreira da filha e no final acabou se divorciando. Nunca se casou novamente, o que provavelmente cimentou ainda mais o laço que tinha com a filha mais velha.

Diahann se casou várias vezes, com homens brancos e negros. Ela se lembra de uma vez em que a mãe disse: "Um ano é um branco, no ano seguinte é um negro. Você nunca fica confusa? Nunca acorda de manhã, olha para ele e se pergunta..."

Diahann, perfeitamente à vontade com a indagação, respondeu: "Mãe, eu não me caso com uma cor. O homem ao meu lado é meu marido, não uma cor. É uma pessoa com caráter, personalidade, e isso é tudo o que vejo".

Mable refletiu por um momento e disse: "Oh, nunca pensei nisso dessa forma. Agora entendo".

É a maneira como amigas conversam entre si. É a maneira que acho que toda garota sonha em conversar com a mãe — talvez não quando seja mais nova, mas na maturidade. Diahann está entre as pessoas de sorte — ela sempre teve uma relação fácil com a mãe, um nível de conforto que permitia esse tipo de troca íntima.

◆ ◆ ◆

Profissionalmente, como artista, Diahann passou muito tempo viajando. "Minha vida inteira, sempre fui a viajante. E minha mãe ia comigo, ou eu mandava buscá-la. Ela era muito envolvida em minha carreira. Todo mundo que trabalhava comigo a adorava. Eles a tratavam como se ela fosse uma rainha ou algo do gênero. E ela adorava isso."

Mas conforme a saúde de Mable piorou por causa de problemas cardíacos, continuar na estrada com a filha se tornou impossível. Ela ficou para trás, na casa de Diahann, mas os esforços para oferecer-lhe cuidados 24 horas continuavam a esbarrar em alguns empecilhos.

— Ela demitia todo mundo — diz Diahann. — Ela dizia: "Você não é necessário", e os mandava embora. E então me falava: "Diahann, você não tem de fazer isso. Você está tentando me tornar velha antes do tempo". Percebi que ela precisava se mudar da minha casa para um apartamento para que eu pudesse fazer o que os médicos dela me diziam para fazer. Precisava explicar a ela que não podia ficar sendo chamada de volta de viagens de encontros e apresentações porque minha mãe tinha demitido todas as enfermeiras.

Este foi o momento em que Diahann notou que, em razão de toda essa proximidade, ela e a mãe precisavam de um pouco mais de espaço entre si, em parte para que Diahann pudesse tomar algumas das decisões difíceis que os filhos geralmente têm de tomar por seus pais idosos.

É uma dança delicada que muitos de nós enfrentamos — como garantir que nossos pais recebam cuidados e fiquem fora de perigo sem que se sintam humilhados. Vemo-nos às vezes tendo de forçar certas medidas, tornar-nos pais de nossos pais, mesmo não querendo que se sintam diminuídos.

Mable resistiu a isso por um tempo, mesmo no apartamento que Diahann decorara tão bem que parecia um lar cálido e aconchegante. Ela resistiu à ideia de ter enfermeiras à noite, mas no final aceitou.

No último ano de sua vida, Mable estava acamada quase todo o tempo e não discutia mais sobre cuidados 24 horas por dia.

— Minha mãe passou por momentos difíceis — diz Diahann. — Ela não queria relaxar. Era uma batalhadora. Acho que sabia que fiz todo o possível por ela. Mas sempre se sentia melhor quando eu estava por perto. Mesmo no final, eu conseguia ver em seu rosto quando entrava: "Oh, minha filha está aqui. As coisas vão ficar bem agora". Eu tinha de dizer a ela: "Não posso fazê-la ficar bem. Posso ficar aqui com você e agora temos esse laço, mas eu tenho de fazer o que seus médicos me disseram".

Não havia um aspecto mais doce para esse período da vida de Mable. O pai de Diahann, que havia se divorciado da segunda esposa, veio visitar Mable várias vezes e, segundo Diahann, eles "perceberam que nunca tinham se divorciado de verdade um do outro".

Diahann estava no Music Center fazendo um discurso no dia em que a mãe morreu. Ela a vira no dia anterior; o apartamento de Mable era na mesma rua da casa de Diahann.

— Quando saí do palco, vi o rosto das pessoas que estavam comigo e soube que minha mãe se fora.

John Johnson faleceu em paz durante o sono apenas algumas semanas antes da conversa que tive com Diahann. Felizmente, ela tinha conseguido, depois de muitos anos de distância, retomar uma relação com o pai.

◆ ◆ ◆

Diahann vê muito de Mable em si mesma. Força e determinação, certamente, mas há outra característica que ela sabe que tem a marca de sua mãe.

— Quando me vejo diante de um problema ou situação que tem de ser abordada, sou um pouco cabeça-dura em relação a isso. Penso às vezes: "Eu não tenho de ser tão cabeça-dura". Então, estou tentando abrir a cabeça. Ouço a mim mesma falando exatamente como minha mãe falava. Algumas dessas coisas simplesmente penetram em seu cérebro, e você não se dá conta por um tempo. Tento dizer a mim mesma: "Só abra e ouça. Deve haver outra forma que seja mais propícia a todo mundo". Ainda sou teimosa, mas estou tentando mudar.

Mable também era muito ligada a seu guarda-roupa, assim como Diahann tem sido ao longo de toda a sua carreira. E, para sua diversão, ela vê um pouco disso em sua neta de cinco anos (Diahann tem uma filha, Suzanne, e dois netos). Não é preciso o aval de um cientista para ver que até mesmo coisas como a paixão por moda podem ser passadas pelas cadeias de DNA.

◆ ◆ ◆

Henry Ward Beecher escreveu: "O coração da mãe é a sala de aula da criança". Diahann Carroll aprendeu sobre força e dignidade com a mãe; mais importante, aprendeu sobre amizade e lealdade. Mable Faulk pode não ter tido uma educação formal durante sua vida, mas seu coração forneceu a melhor sala de aula possível para sua filha.

Marianne Williamson

É conferencista internacional aclamada e autora de *best-sellers*, entre eles, o mais recente, *A idade dos milagres*. Ela realizou um amplo trabalho filantrópico, incluindo a fundação do Project Angel Food, em Los Angeles. Também é fundadora do The Peace Alliance, uma organização sem fins lucrativos dedicada a incentivar a cultura da paz.

Capítulo 19

A mãe de Marianne Williamson faleceu pouco menos de um mês antes de conversarmos. Nos dias dolorosos depois que o pai ou a mãe morrem é que nos encontramos vivendo completamente na presença deles, geralmente mais do que jamais antes disso. Como muitas de nós, Marianne foi emocionalmente afastada de sua mãe diversas vezes. Agora ela se arrepende de não ter passado mais tempo com ela durante os últimos anos de sua vida.

◆ ◆ ◆

Sophie Ann Kaplan nasceu e cresceu em Houston, Texas. Cursou a University of California, em Berkeley, e então voltou a Houston. Aos 21, casou-se com Sam Williamson, um major do Exército, durante a Segunda Guerra Mundial, que mais tarde se tornou advogado de imigração. Juntos, eles viajaram pelo mundo. O primeiro filho de Sophie, irmão mais velho de Marianne, Peter, nasceu quando a mãe tinha apenas 22 anos. Duas filhas se seguiram, sendo Marianne a caçula.

Era uma casa bastante tradicional dos anos 1950. Sophie não trabalhava fora; seu trabalho era criar três filhos e cuidar dos afazeres domésticos — tarefa essa que Marianne agora vê como algo subestimado por quem diminui o valor de uma mãe que fica em casa. Marianne diz: "O fato de ela tomar conta da casa, de meu pai, de ter criado três filhos como criou... — estou finalmente em um ponto da minha vida em que vejo que esse não é só o trabalho mais *importante* que existe; também vejo como o trabalho *mais difícil* que existe".

Com as lentes mais claras trazidas pelos anos, Marianne conseguiu reavaliar muitas coisas sobre sua mãe que não apreciava, reconhecia ou mesmo admitia no passado.

— Lembro-me de quanto eu adorava minha mãe quando era garotinha, e me lembro de que o afastamento aconteceu quando eu era adolescente. Olho para trás e tenho uma sensação de tristeza. Tanto tempo perdido, e tanta sabedoria que ela poderia ter transmitido para mim se eu tivesse vontade e capacidade para ouvi-la. A confiança entre nós foi quebrada, pelo menos do meu lado. O fio dessa confiança ficou tão danificado que eu simplesmente não conseguia ouvir minha mãe.

— Mas houve vácuos em minha vida em que pude e consegui. Houve vezes ao longo dos anos, depois que saí de casa e voltava para visitá-la, quando ela vinha ao meu quarto tarde da noite antes de ir dormir. Ela se sentava na beirada da minha cama e simplesmente conversava comigo. Eu a adorava nesses momentos. Pensava comigo: "Se tivesse sido assim todo esse tempo, teríamos tido um ótimo relacionamento." Acho agora que nós duas tínhamos de ter deixado cair as máscaras que usávamos. Elas evitaram que tivéssemos conversas autênticas, de coração, na maior parte do tempo. Mas então, tarde da noite, quando ela se sentava em minha cama daquele jeito, nossas máscaras caíam e ela parecia sábia para mim.

— Em minha família, eu era a garota que se sentia como se não tivesse voz, que sentia como se tivesse de fugir, de se afastar daquela família. Mas nunca deixei de amar minha mãe... Sempre ansiava pelos momentos em que realmente nos encontrávamos.

O relacionamento de Marianne e Sophie começou a melhorar quando Marianne engravidou.

— Quando disse para minha mãe que estava grávida, sua reação inicial foi de achar horrível que eu não estivesse casada. E ela me ligava quase todo dia com ansiedade e insistia nisso. Depois de alguns dias, eu disse a ela: "Sabe, eu realmente quero que você faça parte dessa experiência. Quero que seja minha mãe nisso. Quero que você seja avó do meu filho. Entretanto, você precisa saber que ser positiva sobre isso é extremamente importante para mim. Não posso estar cercada de negatividade agora. Então, é assim que vai ser. Vou ter o bebê, e não vou me casar. E se você puder ser positiva quanto a isso, eu realmente gostaria. Se não puder, não posso tê-lo, mamãe".

— Ela mudou na mesma hora. Daquele dia em diante, todas as palavras que disse foram de amor e encorajamento. Ela me ligava diariamente durante a gravidez, e eu ficava muito grata por essas ligações. Ela estava lá no quarto do hospital depois que voltei do parto. Ela estava lá nos primeiros anos da vida de minha filha, me ajudando, e isso não tinha preço para mim. Foi realmente o nascimento de minha filha que nos reuniu.

Sempre que Sophie a visitava, Marianne ficava impressionada em como ela era amável e agradável com seus amigos. Quando as pessoas a cumprimentavam pelo sucesso de Marianne, ela respondia: "Bem, ela foi difícil de criar", mas havia um brilho em seus olhos quando dizia isso. Marianne não duvidava de que a mãe tivesse orgulho da mulher que ela se tornara, tanto pessoal como profissionalmente. "Tanto meu pai como minha mãe deram muito apoio a minha carreira."

◆ ◆ ◆

Marianne hoje vive em Houston, mas uma das coisas que a assombra é a sensação de que deveria ter se mudado anos antes. "Voltei quando minha mãe adoeceu, mas ela estava muito mais próxima do fim naquele momento do que qualquer um de nós imaginava. Arrependo-me profundamente de não ter voltado antes. Vivo com a mesma sensação de mágoa e arrependimento de muitas pessoas que não estiveram ao lado da mãe no final da vida dela."

A irmã mais velha de Marianne faleceu de câncer não muito tempo antes de seu pai morrer. Ela assistiu a mãe passar pela tristeza devastadora de perder tanto uma filha como o marido. Há um desamparo intenso em testemunhar a tristeza de seu próprio progenitor; você vê aquela pessoa, talvez pela primeira vez, como absolutamente humano, distante dos limites de seu papel já estabelecido. Nada que se possa fazer diminuirá a dor da perda, mas há uma riqueza maior — tanto para o pai como para o filho — em finalmente ver a mãe ou o pai com outros olhos.

É um trabalho duro dar um passo atrás e olhar para sua infância e para a vida de seus pais no contexto das realidades social e temporal. Geralmente parece um cruzamento entre terapia e arqueologia. Mas foi um trabalho do qual Marianne não se esquivou.

— Minha mãe nasceu em 1921, e sou uma criança dos anos 1960. Tenho uma referência social, agora, que me permitiu entender do que minha mãe tinha medo, o que a fazia sentir-se ameaçada. Mas meus pais não precisavam ter se preocupado tanto comigo porque tinham instilado certos valores em mim quando eu era muito nova e eu nunca desviaria tanto deles, independentemente de quanto drama externo estivesse manifestando.

— Tive uma formação interessante. Cresci em um ambiente muito liberal, mas ao mesmo tempo muito sulista. Minha mãe fora criada em Houston, mas meu pai era do Meio-Oeste, com uma mistura de liberalismo político e conservadorismo social. Então fui criada para ir à revolução, mas usando luvas brancas. E quando era pequena, essas luvas brancas eram literais. O que vejo hoje é que a geração de meus pais falou com símbolos diferentes da minha. Apenas falávamos uma linguagem diferente.

Hoje ela consegue ter empatia com a maneira como Sophie enxergou os esforços de sua filha mais nova para ser um indivíduo, separada das influências familiares, e toda a sua aflição.

— Houve um ponto em minha vida em que minha mãe olhou para mim como alguém que tinha levado embora sua garotinha. "Não sei quem é você, mas quero minha filhinha de volta. Quero Marianne de volta." Costumava me ressentir por isso. Mas agora olho para trás e vejo que ela estava muito certa. Foi como se uma impostora tivesse assumido. Perdi minha autenticidade. Acho que de várias maneiras minha mãe me via com mais clareza do que eu mesma.

◆ ◆ ◆

A saúde de Sophie piorou por vários anos. Pouco antes de sua morte, Marianne voltou a morar em Houston. Ela se lembra de estar no aeroporto quando recebeu uma ligação do irmão dizendo que a mãe piorara. Ela se viu soluçando incontrolavelmente no cruel espaço público de um aeroporto.

— As pessoas foram tão gentis... Começaram a me trazer água e a me confortar. Eu desmoronei completamente quando recebi a ligação.

Sophie resistiu por mais duas semanas. Marianne se lembra de que, em algum momento de sua doença, a mãe lhe disse que tinha chegado a acreditar que veria o marido novamente — uma ideia que anteriormente evitava. Ela não se estendeu sobre como sua crença tinha mudado; simplesmente deixou claro que mudara.

— Realmente sinto que ela está com meu pai e minha irmã e os pais dela, e isso me dá muito conforto. E acredito que eles estarão esperando por mim um dia.

Independentemente da forma como Sophie se mantém no coração, na alma e na vida cotidiana de Marianne, ela diz: "Minha mãe era muito forte. Ela tinha força, dignidade, estatura... e tinha honra. Meus pais me ensinaram ética, minha mãe tanto quanto meu pai. Percebo como era absolutamente ignorante para subestimá-la e às escolhas que fez quando jovem. É um clichê, mas é verdade: você simplesmente não sabe até que saiba. Agora que enxergo a mulher boa e honrada que ela era, e consigo apreciar mais completamente o que isso realmente significa, posso dizer honestamente que quero ser mais parecida com ela de muitas formas. Minha mãe deixou um legado tremendo. Sinto que fui instada agora a ser uma pessoa mais forte e melhor."

◆ ◆ ◆

Nós nos formamos dentro do útero materno, longe de seus braços mas bem abaixo de seu coração. É daquele coração pulsante — tão próximo do nosso — que algumas de nós acabam fugindo, acreditando que podemos deixá-lo para trás a fim de descobrir quem somos. Mas o vazio nos engole e voltamos ao coração que nunca parou de nos esperar.

Na noite anterior ao falecimento de Sophie, Marianne deixou-se ficar ao lado dela e pediu perdão pelos momentos que talvez a tivessem decepcionado. Nos desdobramentos da morte da mãe, enquanto há anos que ainda machucam e sempre machucarão, os anos de proximidade e confiança são os que trazem sustentação.

— Acho que o que a morte faz — diz Marianne — é destilar tudo até sua essência. Você percebe, no fim, que há realmente só amor.

Whoopi Goldberg

É atriz, comediante e apresentadora de televisão. Ela ganhou um Emmy, um Grammy, um Oscar, um Tony e dois Globos de Ouro. Apareceu em muitos filmes — dramas e comédias —, incluindo *A cor púrpura* e *Ghost*. Tem o próprio *talk show* há um ano e hoje é uma das apresentadoras de *The view*.

Capítulo 20

Whoopi Goldberg não tem ideia da idade de sua mãe.

— Perguntei várias vezes, assim como meu irmão, mas ela não diz. Minha mãe é como uma concha. Nunca contou nada sobre si mesma. Ela sempre achou que não havia necessidade de nos contar sobre a vida dela, se tínhamos nossas próprias vidas para começar a cuidar. Essa realmente era a filosofia dela: 'Não preciso falar sobre mim, porque é o que é. Mas o que vocês estão fazendo por *vocês*?'."

Que tal dar uma olhadinha em sua carteira de motorista?

— Ela nunca teve. Não dirige.

◆ ◆ ◆

Emma criou seus dois filhos, Whoopi e o irmão, Clyde, que é seis anos mais velho, em Manhattan. Era uma mãe solteira que nunca discutiu os porquês e "comos" disso.

— Era o que era — diz Whoopi. — Naquela época, não era uma conversa que se tinha com os filhos. Minha mãe é bem excêntrica, o que não deveria ser uma surpresa.

Ela é a razão de eu ser como sou. O sistema de crenças que tenho veio dela. Mas há aspectos dela que ainda são um mistério. Se pergunto algo sobre ela, ouço-a me dizer que não preciso saber. "O que isso vai acrescentar?", diz. Depois de um tempo, você simplesmente desiste, porque sabe que não vai chegar a lugar algum perguntando.

Quando Whoopi era criança, Emma era professora da Head Start** e enfermeira. Enquanto perseguia sua educação superior, ela ia de bicicleta à faculdade.

— Minha mãe é realmente a melhor mulher que conheço. Ela é curiosa em relação ao mundo e é muito engraçada. Ela tem um primo com quem mantém uma relação próxima e que quando estão juntos "fazem vozes", conversam entre si em dialetos, que foi de onde tirei isso. Ainda consigo ouvir essa tradição em minha cabeça.

Ficou muito claro bem cedo que Whoopi seria atriz, e ela não foi pressionada de forma alguma por sua mãe para fazer algo diferente. Não houve sermões sobre ter um diploma de direito, por via das dúvidas, ou aprender a administrar um negócio. Emma nunca tentou desencorajar Whoopi de suas atividades criativas. Seu único aviso foi: "Você tem de ser realmente boa no que faz. Não pode ser mais ou menos".

Whoopi diz: "Tive muita sorte de ter sido criada dessa forma. Minha mãe falava: 'Se você acha que vai fazer

---

*   A National Head Start Association é uma organização sem fins lucrativos que promove a educação nos Estados Unidos. (N. da T.)

alguma coisa errada, provavelmente vai. Não preciso estar na sua frente dizendo que você está fazendo errado. Você sabe muito bem, e espero que aja de acordo'. Ela nos deu muito respeito e exigiu respeito de volta".

O irmão de Whoopi, Clyde, agora é instrutor de times infantis de beisebol, mas ela diz que ele, também, é muito engraçado. "Ele é realmente seco e é a pessoa mais sociável que conheço. Quando anda pela rua, se você prestar atenção, vai escutar sua música-tema. Ele é descolado assim."

◆ ◆ ◆

Uma das coisas mais importantes que Emma transmitiu aos filhos foi a empatia em relação a outras pessoas. Em sua vida familiar, isso era sempre enfatizado, e é algo que Whoopi sabe que a guiou em sua própria vida. Ela conta a seguinte história como exemplo:

— Quando eu era criança, fomos a uma excursão da escola e minha mãe foi junto. Eu não era uma criança popular. Às vezes chorava muito, não entendia por que não era igual a todo mundo. Eu não era sociável, não era amistosa. Mas às vezes pessoas populares entre todas as demais faziam amizade comigo. O dia da excursão foi uma dessas vezes. Havia um amigo como eu, que também era um pouco tímido, chamado Robert. Em circunstâncias normais, Robert e eu teríamos nos encontrado e rido juntos em companhia um do outro no passeio. Dessa vez, como eu estava com as crianças populares, não fiz isso.

Whoopi não só não ficou com o amigo, como participou da gozação quando as outras crianças começaram a provocar Robert.

— No final do passeio, disse para minha mãe: "Não foi o máximo? Me diverti tanto. Adorei!".

— E ela respondeu: "Que bom". Percebi que, pelo jeito como ela falou, havia uma certa censura. Então ela disse: "Você acha que Robert se divertiu hoje?".

— Perguntei o que ela queria dizer e ela repetiu: "Você acha que Robert se divertiu hoje?". Entendi o que ela estava querendo dizer, de fato eu não tinha uma resposta.

— Ela me disse: "Você sabe o que é isso, você já sentiu e se esqueceu. Simplesmente se esqueceu. Tente não se esquecer novamente". E eu tento. Foi assim que ela me ensinou ética. Ela é uma mulher incrivelmente ética, e isso, acho, herdei dela.

◆ ◆ ◆

A única vez que Whoopi pegou um grande desvio da lição de ética e mentiu para a mãe é uma experiência marcada indelevelmente em sua memória.

— Eu adorava balé, e em Nova York, quando eu era criança, era possível assistir a apresentações com pouco dinheiro. No inverno, na época do Natal, eles apresentavam *O quebra-nozes*, e tive a oportunidade de ir. Minha mãe disse: "Ok, mas você tem de arrumar seu quarto antes".

— Ela estava de saída e eu falei que arrumaria. Mas assim que ela saiu, a Whoopi do Mal apareceu e disse: "Ah, ela vai ficar fora durante horas, vá embora." E a Whoopi do Bem respondeu: "Não faça isso, não faça isso. Arrume o quarto, é bem simples... você tem tempo." Mas a Whoopi do Bem perdeu, e a Whoopi do Mal pegou as chaves e o pouquinho de dinheiro que tinha ajuntado para pagar o ônibus. Saí e me diverti com *O quebra-nozes*.

— Quando cheguei em casa, dei pela falta das chaves... estava sem chaves. Consegui entrar no prédio, mas não pude entrar no apartamento. Comecei a inventar as maneiras mais ridículas de resolver isso, como crianças fazem. "Posso sair pela janela do corredor e andar pela marquise?" Mas eu simplesmente tive de esperar até minha mãe chegar. Tive de ficar no corredor e esperar. Então a vi vindo pela rua e foi como se ela pudesse me ver, apesar de saber que não dava. Mas achei que ela tinha me visto, o que não era possível.

— Então o elevador sobe e ela diz oi. Eu digo oi. E conforme estou falando com ela, fico tentando rodeá-la, e de repente ela parece quatro metros mais larga. Não consigo rodeá-la, não consigo passar por ela. Tenho de segui-la agora, o que não era o que queria porque achei que, se de alguma forma conseguisse entrar primeiro, poderia usar minha velocidade supersônica e limpar meu quarto antes de ela voltar ao apartamento.

— Ela me perguntou como foi *O quebra-nozes*, e contei que foi lindo, ótimo. Então perguntou se eu arrumara o quarto e, juro para você, eu quis dizer não. Quis ter um gesto nobre. Mas não tive. Simplesmente menti. Essa foi a primeira e última vez que minha mãe me deu sermão. Não apenas porque menti, mas porque era uma mentira estúpida. Eu tinha sido tão relapsa com ela que nem sequer fora divertida.

Emma acreditava que mentiras são uma perda de tempo, que simplesmente é mais fácil dizer a verdade. Porque de uma forma ou de outra, se você mente, "acaba tomando um chute no traseiro". Whoopi só precisou aprender essa lição uma vez.

◆ ◆ ◆

Emma atualmente vive na Califórnia. Depois de trabalhar a vida toda, ela agora cuida de seu jardim, lê e aproveita o que Whoopi chama de "seu tempo de lazer".

— Ela não gosta quando digo que não seria a pessoa que sou se não fosse por ela — diz Whoopi. — Não que ela não aceite o elogio. Simplesmente não "compra" essa ideia. Ela acha que se eu lhe dou esse crédito, eu o tiro de mim mesma. Acha que cheguei aonde cheguei e sou a pessoa que sou, não porque ela me ensinou, mas porque sou eu. E digo a ela: "Mas alguém precisa te mostrar e te ensinar. De outra forma, como é que você vai saber?".

— Para mim, ela me ensinou o certo e o errado e esperou que me lembrasse. Com todas as pessoas que conheci na vida e todas as quais estive exposta, não trocaria minha mãe nem por dez milhões de dólares. Não faria essa troca nem por um minuto que fosse.

◆ ◆ ◆

Fica patente quando Whoopi fala sobre a mãe que ela também herdou sua humildade. O que é algo que Whoopi não vê em si mesma... pessoas muito humildes nunca veem. Mas é preciso mais do que um pouquinho de sabedoria e bravura para aceitar que há um manto de mistério sobre amplos feixes da vida de sua mãe.

Conforme envelhecemos, queremos saber mais sobre quem foram nossas mães antes de nascermos. Queremos ser capazes de imaginá-las no contexto de uma época específica, um momento na história que as influenciou social e ideologicamente. Ajuda a preencher os pedaços que faltam, permite entender como a mulher que nos deu à luz se tornou essa mulher.

Há uma leve nota de tristeza quando Whoopi fala sobre tudo o que não sabe: a geografia da vida de Emma que permanece na sombra, e talvez sempre permaneça. Mas você precisa ouvir com atenção para detectar a tristeza. A gratidão por tudo o que aprendeu da mãe — ética, empatia, respeito, gentileza — fala mais alto.

Cokie Roberts

É comentarista de notícias sênior da National Public Radio. Também é comentarista política da rede de televisão ABC News. Escreve uma coluna semanal para vários jornais, juntamente com Steven Roberts, seu marido, e é autora de diversos *best-sellers*. O mais recente é *Ladies of liberty: the women who shaped our nation*.

Capítulo 21

— O que mais me fascina — diz Cokie Roberts — é que minha mãe foi para Washington D.C. com 24 anos e dois bebês. E era Washington pré-Segunda Guerra Mundial, ainda cheia de protocolos, com esposas tendo de ligar diariamente para outras esposas: esposas dos profissionais dos gabinetes, esposas da suprema corte, esposas do Senado, esposas da Câmara. Era uma vida muito estruturada, muito formal. E para lá foi a mulher de 24 anos com duas crianças...

◆ ◆ ◆

Lindy Boggs nasceu Marie Corinne Morrison Claiborne, em Pointe Coupee Parish, Louisiana. Frequentou a Tulane University em New Orleans, onde conheceu Hale Boggs, quando ambos trabalhavam no jornal da faculdade. Casaram-se em 1938, quando ela estava com 21 anos. Hale abandonou a carreira de Direito para concorrer a uma cadeira no Congresso, que conquistou. A partir de 1940 o curso de suas vidas mudou de privado para público.

As duas crianças que foram com eles para Washington eram Barbara e Tommy. Cokie nasceu em 1943, três anos depois de a família começar a vida em Washington e dois anos depois da entrada dos Estados Unidos na Segunda Guerra. Hale perdeu uma campanha para reeleição e passou a atuar como elemento de ligação entre a Marinha e o Congresso. Mas a vida da família Boggs ainda continuava baseada na política.

— Uma das coisas que estava muito clara na época em que eu crescia — diz Cokie — era que as esposas dos políticos, pessoas como minha mãe e Lady Bird Johnson, cuidavam de tudo. Cuidavam da campanha dos maridos, dos escritórios e das agências de serviço social em Washington, porque não havia governo municipal naquela época.

Cokie nunca conheceu a vida sem a política, mas diz: "Felizmente, gostava disso. Todos gostávamos. Meus irmãos e eu nos envolvemos com a política de uma maneira ou de outra. E minha mãe era muito envolvida. Ela era a administradora de campanha de meu pai, ajudava a encaminhar as resoluções das necessidades dos eleitores.

Não parece que poderia haver tempo ou espaço para um cenário típico das pinturas de Norman Rockwell da mamãe no fogão preparando o jantar quando as crianças chegam da escola...

— Sabe, é engraçado, e, é claro, na verdade hoje sei que ela não estava ali o tempo todo, mas em minha realidade emocional ela estava sempre lá. Ela tinha uma empregada, uma mulher maravilhosa que preparava o jantar na maior parte das noites. Mas minha mãe sempre foi a mãe que ia nos buscar na escola quando estávamos distribuindo o jornal da escola ou ensaiando a peça de teatro. Então nunca houve a sensação de ela estar ausente. E éramos crianças envolvidas com as campanhas políticas de meu pai. Desde o início ele estabeleceu que se tivéssemos um tempo juntos, esse tempo estaria relacionado à política.

Ao longo de anos e gerações, a política tomou conta da família. A irmã de Cokie, Barbara, escrevia as cartas do presidente John F. Kennedy, concorreu a uma vaga no Senado e então se tornou prefeita de Princeton, New Jersey. Tommy também concorreu a cargos públicos e hoje é lobista em Washington. Cokie é a única que nunca concorreu, mas mesmo assim está alinhada com a política, tendo se estabelecido como respeitada jornalista política e escritora.

◆ ◆ ◆

Mas foi sobre Lindy que o peso total da política caiu.

Em 16 de outubro de 1972, Hale Boggs, que na época era o líder da maioria na Câmara, embarcou em um avião bimotor particular no Alasca com o deputado local Nick Begich, Russell Brown, assistente de Begich, e o piloto, Don Jonz. Eles voavam de Anchorage a Juneau para participar de um levantamento de fundos para Begich. Na neblina e no frio daquele dia, o avião desapareceu. Apesar de uma busca intensiva de 39 dias pela Guarda Costeira, a Marinha e a Força Aérea, nenhum sinal do avião ou de seus passageiros jamais foi encontrado.

Lindy estava em casa assistindo à televisão. Ela cochilava e foi acordada pelo telefone. Era o porta-voz da

Câmara, contando que o avião de Hale tinha desaparecido. Alguns segundos depois, as notícias chegaram à televisão. Diante do pesadelo que começava a se desenrolar, houve pelo menos algo reconfortante: ela não ouvira a notícia do próprio apresentador de televisão.

A família voou para o Alasca e ficou por lá vários dias, enquanto os militares procuravam em vão.

— Não era ingênuo pensar que eles poderiam ser encontrados — diz Cokie. — Há muitas histórias de aviões caindo no Alasca com sobreviventes encontrados dias, ou mesmo semanas, mais tarde. Acreditávamos que era isso o que aconteceria. Mas é claro que conforme o tempo passava, mais improvável parecia.

Depois de 39 dias, a busca mais intensa da história do exército americano foi encerrada. A família realizou uma cerimônia em New Orleans — uma tentativa de conformar-se com o que parecia ser o fim de uma vida. Mas é primal que se queira que a morte seja tangível. Depois do atentado de 11 de Setembro, as famílias das vítimas clamavam por alguma coisa — qualquer coisa — que provasse que seus entes queridos haviam desaparecido naquele dia, naquele lugar. Um sapato, uma carteira, uma parte do corpo. Qualquer coisa. Hale Boggs e seus companheiros de viagem simplesmente desapareceram no ar glacial do Alasca, deixando mais perguntas do que respostas. Se não há linha divisória entre vida e morte, sonhamos com a imensidão. E sonhamos com a vida.

— Ainda temos a casa em que cresci — Cokie me conta. — E, anos depois, não quis trocar o papel de parede da cozinha. Pensei: "E se ele voltar? E se ele teve amnésia todo esse tempo?".

A vida deve continuar mesmo depois de uma tragédia e da morte. Assim como a política. Hale foi reeleito para o Congresso apesar de estar "presumivelmente morto". E então, em 1973, Lindy venceu uma eleição especial, assumindo no Congresso a cadeira de seu marido. Ela permaneceria na casa até 1991.

Até hoje, ela não fala que o marido morreu. Mas sim que desapareceu. No entanto, houve um momento em que ela disse que sabia, em seu coração, que ele havia partido. Lindy estava voando para o Irã e ainda não havia escrito o discurso que faria ali. De repente, o discurso surgiu pronto em sua mente. Para ela, foi um sinal de que Hale estava olhando por ela em um lugar fora deste mundo.

É provável que ninguém, nem mesmo seus filhos, tenham testemunhado o peso total da tristeza de Lindy. Orgulho e estoicismo são importantes mesmo diante da tragédia.

— Minha mãe é uma mulher sulista forte — diz Cokie. — E acredita que demonstrar emoções é sinal de fraqueza. Então, se uma pessoa fica visivelmente abalada quando alguém morre, minha mãe diz: "Eles não estão agindo certo". E se alguém se segura, ela diz: "Eles estão agindo muito bem". Ela tem uma fé profunda, fomos criados no catolicismo, e isso a ajudou a sustentá-la.

◆ ◆ ◆

A fé de Lindy seria testada novamente anos depois, e marcaria sua saída voluntária do Congresso.

Corria o ano de 1990 e Barbara, então casada e prefeita de Princeton, recebeu o diagnóstico de câncer terminal. Lindy sabia que não poderia sair para fazer campanha e atuar como congressista quando o lugar em que precisava estar era ao lado da filha. Ela fez a escolha que precisava fazer e se preparou para perder outro membro da família.

Anos antes Barbara soube que tinha câncer no olho. Apenas algumas horas depois de se submeter à cirurgia para a retirada do órgão, ela chegou a um evento político de vestido vermelho com um tapa-olho vermelho combinando. Seus tapa-olhos da cor da roupa se tornaram lendários, assim como seu otimismo e sua recusa em sentir pena de si mesma. Ela nunca pensou que o câncer a abateria novamente. E voltou como uma vingança.

— Minha mãe chegou a Princeton um dia antes de Barbara morrer. Eu já estava lá. Na noite em que morreu, o marido de Barbara chegou para nós e disse: "Acho que ela se foi". Entramos no quarto e minha mãe teve um momento em que revelou como isso era difícil...

Sua filha mais velha, na verdade, não foi o primeiro filho que Lindy perdera. "Ela perdeu um bebê recém-nascido três anos antes de eu nascer", diz Cokie. "Ele viveu apenas alguns dias. Mas é claro que perder a Barbara foi muito mais difícil."

Sob qualquer padrão objetivo, Lindy Boggs teve uma boa quantidade de tragédias em sua vida. Mas nunca diga isso a ela. Aos 92, ela ainda se arrepia diante da ideia de que foi vítima do destino ou das reviravoltas imprevisíveis da vida.

— Ela fica furiosa se alguém fala dela como vítima. Ela diz: "Como você pode dizer isso se fui tão abençoada?". E é claro que é verdade, ela foi abençoada. Tem bons amigos, uma boa família, um boa saúde, uma vida confortável e o reconhecimento público por seu trabalho.

Quando Lindy tinha oitenta e um anos, foi nomeada embaixadora no Vaticano por Bill Clinton. Com uma idade em que a maioria das pessoas quer colocar os pés para cima, ela estava embarcando em uma nova carreira.

Hoje ela vive em Washington D.C., perto de Cokie e de Tommy, assim como de nove de seus dezoito bisnetos. Ela ainda tem uma casa em New Orleans, na Bourbon Street, para a qual ela voltou depois do furacão Katrina. A casa foi pouco afetada, mas Cokie destaca que é muito difícil para sua mãe hoje viver na cidade.

Parece que mães fortes criam filhas fortes. Não há, é claro, evidência científica para isso, nem teste de DNA. Mas se procurarmos evidências engraçadas, poderosas, não é preciso ir muito longe de Lindy Boggs e suas filhas. Lindy pegou a argila virgem da tragédia e modelou-a. É um dom de escultura que nem todo mundo domina. Barbara também permaneceu vitoriosa contra o câncer da forma mais importante: ele nunca conquistou seu espírito. E Cokie se estabeleceu não só como autora de sucesso, mas como figura proeminente no campo do jornalismo, o que é frequentemente brutal e até implacável, uma profissão que não é para "fracotes".

— Minha mãe era a grande apagadora de culpas, em vez de ser a inculcadora de culpas, diz Cokie.

Cokie cobria o Congresso como repórter enquanto Lindy ainda estava no poder. Com duas crianças pequenas em casa, Cokie sentia a culpa tão familiar à maioria das mulheres que trabalham fora.

— Estava ficando tarde e eu queria ir para casa ver meus filhos. Disse para minha mãe: "Você não pode deixar seus funcionários irem para casa?".

— E ela respondeu: "Seus filhos estão bem. Seus filhos estão ótimos. Não se preocupe com eles".

— Isso era muito diferente da maioria de meus colegas. E foi uma grande lição para mim com minha própria filha. O apoio de minha mãe por mim e pelo que estava fazendo foi importantíssimo. Sinto muito orgulho de minha filha e de minha nora sob quaisquer circunstâncias, porque elas são mulheres incríveis, mas o que aprendi de minha mãe é que é importante verbalizar isso: dizer a elas o bom trabalho que estão fazendo, e que filhos ótimos elas têm e como é difícil saber isso. Minha filha faz um programa de rádio de duas horas ao vivo e volta para casa, para seus três meninos. É um trabalho duro e realmente aprecio e admiro.

— Minha mãe também nos ensinou pelo exemplo. Ela dificilmente dizia alguma coisa sobre como deveríamos nos comportar; só deixava claro, pela forma como agia, quais eram suas expectativas para nós.

Provavelmente, no mais pungente tributo que uma filha pode prestar a sua mãe, Cokie diz: "Quando estou sendo o melhor de mim, estou sendo filha de minha mãe".

◆ ◆ ◆

Há uma ponte na Louisiana que atravessa o rio Mississípi em St. Charles Parish. Chama-se Hale Boggs Memorial Bridge. É um tributo adequado ao meu pai, essa ponte ampla e vigorosa entre um rio apressado e o céu infinito. É um tributo não só a ele mas à família que o perdeu.

O pesar é uma ponte que construímos sobre as perdas que podem nos afogar se deixarmos. Levamos anos para construir essa ponte. A construção consome lágrimas, a dor das lembranças, o fogo da fé e uma quantidade violenta de força. Lindy Boggs ensinou a seus filhos como fazer isso: não pela instrução, mas pelo exemplo. Ao longo de sua vida, ela simplesmente continuou construindo.

Anne Rice

É uma das autoras mais populares da literatura atual. Ela é mais conhecida por suas *Crônicas vampirescas*. O primeiro livro da série, *Entrevista com o vampiro*, foi publicado em 1976. Anne escreveu muitos outros livros e também publicou ficção adulta sob os pseudônimos de Ann Rampling e A. N. Roquelaure. Mais recentemente, escreveu dois romances sobre a vida de Jesus Cristo, assim como uma autobiografia.

Capítulo 22

Anne Rice recebeu o nome de Howard Allen O'Brien de sua mãe. Era uma combinação do nome do pai com o nome de solteira da mãe.

— Ela achou que fosse uma ideia maravilhosa — diz Anne sobre a mãe. — Excitante. Achou que seria uma marca de distinção. Ela queria que as filhas tivessem vidas maravilhosas e julgou que isso seria um trunfo. Mas no primeiro ano [em uma escola católica] eu disse à madre, quando entramos na sala de aula, que meu nome era Anne. Minha mãe olhou para baixo e disse: "Bem, se ela quer ser Anne, chame-a Anne". Ela demonstrou o mesmo tipo de liberdade e atitude liberal quando mudei meu nome. Daquele dia em diante, todo mundo passou a me chamar de Anne.

❖ ❖ ❖

Katherine Allen nasceu em New Orleans, numa família de oito filhos, mas apenas três sobreviveram até a idade adulta. Ela viajou quando jovem, teve muitos namorados, frequentou bailes em New Orleans e foi a muitos eventos no Yacht Club.

— Ela era algo como a *belle* do Sul — diz Anne. — E era muito moralista. Dizia que nunca se devia deixar beijar por um homem até que ele colocasse um anel de noivado em seu dedo. Contava, também, que sua vida adulta antes do casamento fora muito divertida. Ela trabalhou como secretária, mas só até se casar.

A história de como Katherine conheceu seu futuro marido, Howard O'Brien, é muito boa, mesmo que, como Anne admite, possa não ser verdadeira. Não há outras versões a serem contrapostas a esta, então assumimos como verdadeira a história que é contada para todos:

Katherine e Howard cresceram na mesma comunidade paroquial; suas famílias eram próximas. Mas eles se encontraram pela primeira vez em uma peça escolar na igreja.

— Ela interpretava Virgem Maria e ele, São Pedro. Em certo momento, Howard inclinou-se para ela e seu cabelo estava cheio de pó: eles sempre fazem São Pedro parecer um homem velho. O pó criou uma nuvem enorme no ar. Katherine deu um meio sorriso, e nesse momento Howard disse que se apaixonou por ela naquele exato instante.

◆ ◆ ◆

Eles se casaram quando Katherine tinha vinte e poucos anos e ficaram morando em New Orleans. Em 1939, ela teve a primeira filha, Alice. Em 1941, dois meses antes de os Estados Unidos entrarem na Segunda Guerra Mundial, Anne nasceu. A vida dos O'Brien, assim como muitas nos Estados Unidos, estava a ponto de mudar dramaticamente.

No dia em que Pearl Harbor foi bombardeada, Howard se alistou e Anne não conheceria seu pai até que tivesse quatro anos.

Na verdade, a primeira lembrança dele é do dia em que voltou da guerra. Ele estava na Marinha, mas não foi para o combate. Ficou baseado em Norfolk, na Virgínia. Então, durante quatro anos, Katherine foi praticamente uma mãe solteira criando duas filhas pequenas, apesar de a avó materna de Anne ter-se mudado para lá para ajudar. Anne descreve a avó como "uma presença muito cálida, maravilhosa, na casa".

Quando a guerra terminou e Howard voltou para casa, arrumou um emprego na agência do correio e o casal teve mais duas filhas. Em uma casa cheia de mulheres, havia uma forte ênfase em criatividade, cultura e imaginação.

— Minha mãe era extremamente amorosa, devotada e comprometida com nossa educação e em nos proporcionar toda variedade cultural possível — diz Anne. — Ela lia poesia para nós, contava histórias, era católica fervorosa e nos levava à igreja desde quando consigo me lembrar. Além disso, empenhava muita atenção em fazer projetos conosco e livros de recortes com as imagens religiosas.

— A leitura de poesia era muito importante. Íamos para sua cama e ela lia para nós um livro de poesia de

Marjorie Barrows. Minha mãe lia seus poemas favoritos repetidas vezes. Queria que fôssemos ricas culturalmente, criativas, que frequentássemos as melhores escolas que pudesse pagar. Esse era o sonho dela. Mas como não podia pagar por uma escola boa, acabamos por frequentar a escola paroquial, mesmo. Ela nos distraía contando histórias reais. Contou sobre as irmãs Brontë e George Eliot e como essas mulheres tinham se tornado autoras famosas, apesar de algumas terem de escrever sob pseudônimos masculinos. Ela preenchia nossa cabeça com uma sensação de liberdade e com a noção de que atingiríamos nossas metas.

É natural perguntar, quando se ouve sobre uma infância tão rica em histórias, se isso pode transformar alguém em escritor. Mas é claro que é uma pergunta que provavelmente nunca será respondida. Quer os escritores nasçam ou sejam moldados, sempre será um mistério. Mas, de qualquer forma, eles são influenciados.

— Não sei por que alguém se torna escritor — diz Anne —, mas desde o princípio eu quis ser escritora. E sentia que podia ser. Adorava ouvir sobre aqueles escritores. Ela também nos contou sobre George Sand. Lembro-me de ela ter-me levado para assistir ao filme *À noite sonhamos*, sobre Chopin e sua paixão por George Sand. Fiquei encantada com tudo aquilo. Ela nos contou muitas vezes que queria criar quatro crianças perfeitamente saudáveis e quatro gênios. Ela acreditava em nossa liberdade criativa. Podíamos fazer pinturas coloridas e colar em todas as paredes. Podíamos escrever nas paredes; podíamos fazer o que quiséssemos criativamente. Ela também adorava nos levar ao parque...

— Ela era uma mãe muito carinhosa. Era o tipo de mãe que hoje seria chamada de educadora doméstica, apesar de termos ido à escola. Mas ela nos dava um ensino mais interessante em casa do que o que recebíamos na escola.

Anne e suas irmãs frequentaram escolas católicas femininas, e ela reconhece que as freiras também eram muito objetivas quanto à educação dos alunos. "Saí da infância com uma forte sensação de que poderia fazer tudo o que quisesse."

❖ ❖ ❖

Mas, por mais que a casa dos O'Brien fosse encantadora e criativa — por mais que Katherine fosse protetora e incentivadora —, havia um influxo obscuro.

Katherine era alcoólatra, e se o alcoolismo pudesse ser medido pelo tamanho, como um personagem de um conto de fadas infantil, o dela ocultaria as estrelas. A maioria das vezes bebia até desmaiar.

— Ela não bebia com frequência — diz Anne. — E nesses momentos ficava completamente comatosa ou inconsciente por dias. Ela se levantava à noite quando estávamos dormindo, encontrava a bebida que tinha escondido e bebia até cair. Então a víamos desmaiada mais vezes do que na verdade a vimos bêbada. Quando se recuperava da reação da bebida, voltava para nós e ficava radiante, espirituosa, maravilhosa e bela, como se nada tivesse acontecido. Mas conforme foi envelhecendo, as bebedeiras se tornaram mais frequentes e mais destrutiva.

Katherine morreu ao sair de uma dessas recaídas. Ela fora levada para a casa de uma prima para se recuperar, mas não foi possível. Anne tinha catorze anos.

— Ninguém sabia naquela época que era impossível fazer com que uma pessoa que bebia tanto quanto ela, deixasse o vício de uma hora para outra, sem nenhum auxílio.

Howard enviara Katherine para a casa da prima pensando na segurança dela já que estava bebendo exageradamente. Uma das irmãs de Anne estava no hospital e a família estava cuidando dela, então não havia ninguém em casa para tomar conta de Katherine.

Na manhã em que sua mãe morreu, Anne recebeu a notícia de sua tia. "Fui para a igreja e orei junto ao altar. Senti um grande alívio porque o sofrimento tinha acabado, mas também senti um choque horrível. Foi muito pior para minhas duas irmãs menores, porém. Alice e eu a conhecêramos em seus bons anos, quando ela sempre lia poesia para nós e nos levava ao cinema e enriquecia nossas vidas de tantas maneiras. Elas não foram tão expostas a isso."

É difícil perceber como e quando sentir tristeza quando há uma casa para administrar e crianças pequenas que precisam de cuidados. Howard esperava que Alice e Anne assumissem a responsabilidade pelos trabalhos domésticos, para preencher o vazio que a morte de Katherine deixara. Mas Anne tinha acabado de completar quinze anos e não queria essa responsabilidade.

— Queria sair, namorar. Não queria ficar em casa e fazer o trabalho doméstico e cuidar de duas crianças pequenas. Sentia raiva e mágoa diante dos esforços do meu pai para me forçar a assumir esse papel. Especialmente porque ele achava que as duas menores não deveriam ter nenhuma responsabilidade, pois ele sentia muita pena delas.

Talvez pelo desamparo e pela necessidade, Howard se casou novamente cerca de um ano e meio depois da morte de Katherine. No fim, diz Anne, não foi um casamento feliz.

Quaisquer ressentimentos pendentes entre Anne e o pai desapareceram com o passar dos anos. Quando o primeiro livro de Anne, *Entrevista com o vampiro*, foi publicado em 1976, ela voou para o Texas, onde Howard morava na época, e lhe deu de presente a primeira cópia.

Ele morreu em New Orleans em 1991, depois de cair e fraturar a bacia enquanto visitava Anne. Ficou hospitalizado por dois meses depois da queda, e Anne passou os últimos dias ao lado dele. Sentia culpa pelos anos que não cuidara das responsabilidades da casa depois da morte da mãe, mas esse é um peso que a vida coloca sobre todos: olhar para as decisões tomadas na adolescência sob o ponto de vista da idade e sentir o coração afundar nas lembranças. O que importa, porém, é a paz que sentimos com os outros. Anne e Howard tiveram sorte o suficiente para isso.

◆ ◆ ◆

Mesmo sendo tão jovem quando a mãe morreu, Anne diz: "Ela foi a influência mais forte em minha vida. Ela era tão hábil verbalmente, tão interessante, tão rica. Tinha tantas histórias para contar. Conversar e contar histórias à maneira irlandesa foi uma parte importante dela, que me influenciou profundamente. E tinha um ótimo senso de humor. Lia piadas do *Reader's Digest* e morríamos de rir".

Katherine morreu em um momento muito importante da formação de Anne. Ela não chegou a ver a filha se casar e tornar-se mãe; nunca transbordou de orgulho com o imenso sucesso de Anne como escritora. Mas sempre viveu dentro de Anne — guiando-a e encorajando-a. Como mãe, transmitiu como legado o dom de contar histórias, o encantamento da imaginação. A morte não conseguiu desmantelar isso.

Marjorie Barrows, uma das poetas que influenciou Anne quando criança, escreveu:

Uma semente mágica plantei
Tão seca, tão branca, tão antiga,
Brotou numa videira encantada
Com flores mágicas de ouro.

◆ ◆ ◆

Katherine Allen O'Brien deu a suas filhas a magia de acreditar que podiam conseguir tudo o que quisessem. Ela as ensinou a plantar seus sonhos e assisti-los crescer. É uma lição atemporal, uma das que Anne incorporou e repassa aos outros.

Alice Hoffman

É autora bem-sucedida de dezenove romances, dois livros de contos e oito livros para crianças e jovens. Seu trabalho foi publicado em mais de vinte idiomas. Vários livros, incluindo *Da magia à sedução* e *Água-marinha*, foram adaptados para o cinema. Seu livro mais recente é *The third angel*.

Capítulo 23

No romance de Alice Hoffman, *Seventh heaven* ("Sétimo céu"), Nora Silk — mãe solteira, divorciada — muda-se para um conjunto habitacional em Long Island, local onde ela não se encaixa. "A personagem foi baseada emocionalmente em minha mãe", diz Alice. No romance, os homens devoram Nora com os olhos, enquanto as mulheres distribuem comentários cruéis a conta gotas:

"As outras mães da rua podiam vê-la, no alto de uma escada de abrir e fechar, com um trapo na mão. Ao lado da escada, o bebê brincava na terra e ela não parecia perceber que as meias dele estavam pretas e que as mãos estavam sujas de lama. O bebê coloca ramos e folhas caídas na boca, e tudo o que veste é um casaquinho leve de lã sobre pijamas finos. As mães do quarteirão imaginavam conseguir ouvi-la cantar *A fool such as I* enquanto limpava as janelas. Elas viram o frasco de Windex na mão dela e perceberam que não usava aliança".

— Minha mãe não era como as outras — diz Alice. — Mas por tudo o que eu costumava me ressentir dela hoje a admiro.

◆ ◆ ◆

Sherry Klurfeld nasceu em 1923 em Nova York. Ela conheceu Jerome Hoffman quando ambos eram adolescentes e trabalhavam como monitores em um acampamento de verão. Tinham cerca de vinte anos quando se casaram. No início da Segunda Guerra Mundial, Jerome alistou-se no Exército e foi enviado à França.

Só depois da guerra é que a família Hoffman começou a crescer. Sherry teve seu primeiro filho — o irmão mais velho de Alice — em 1949, aos 26 anos. Três anos depois, ela deu à luz Alice.

— Morávamos em Long Island — diz Alice. — Tínhamos uma dessas casas pequenas, minúsculas, comuns, para soldados que retornavam. Eram muito baratas, um tipo de Levittown.*

Nos primeiros anos da vida de Alice, seu pai estava ausente na maior parte do tempo. Em sua memória ela se lembra dele levando-a, juntamente com seu irmão à casa dos avós... Mas esta é uma lembrança de sair e não de ficar.

Quando Alice tinha oito anos, ela e o irmão receberam a notícia de que os pais se divorciariam.

— Lembro-me que eles nos chamara e disseram: "Não contem a ninguém, mas não vamos mais viver juntos". Eu

---

* Tipo de conjunto habitacional criado no pós-guerra por Abraham Levitt. É a imagem das moradias de subúrbio norte-americanas, com uma grande quantidade de casas iguais, sem muro nem portão. (N. da T.)

não sabia sequer que essa possibilidade existia. Divórcio era algo muito incomum na época. Não conheci ninguém cujos pais tinham se divorciado até que entrei na faculdade. Eu era a única.

Sherry começou uma nova vida como mãe descasada, o que significava que os Hoffman se tornaram a família "diferente" do bairro.

— Era um bairro operário, de trabalhadores, e minha mãe era extremamente boêmia — diz Alice. — Realmente não era uma boa combinação. Algumas crianças não podiam vir brincar em minha casa. Havia pessoas na cidade que viravam a cara para nós. Minha mãe simplesmente era diferente das demais. Ela não usava maquiagem; ela ouvia Rolling Stones. Ela era muito anti-autoridade. No dia de Ação de Graças, ela nos levou a um restaurante francês. Só havia nossa família e dois comissários de voo. É claro, hoje eu adoro ir a restaurantes franceses no dia de Ação de Graças. Mas naquela época eu só queria ter uma vida normal. Uma família normal. Uma mãe normal. Uma mãe que fizesse biscoitos, que estivesse em casa quando eu chegasse da escola. Eu queria ser filha de Donna Reed.

Um dos motivos pelos quais Sherry não estava ali quando Alice chegava da escola era que tinha de trabalhar para sustentar a família... outra coisa que a diferenciava de todo mundo na cidade.

— A mãe de nenhum de meus amigos trabalhava fora. No início minha mãe lecionava na escola de enfermagem. Depois fazia trabalhos sociais, trabalhava com mães solteiras. Havia muitas naquela época. Trabalhou em orfanatos e mais tarde em serviços de proteção. Era intenso, mas ela era muito boa no que fazia.

Uma grande diferença entre Sherry e sua versão ficcional Nora Silk é que Nora limpava a casa e mantinha as coisas relativamente em ordem. Sherry Hoffman nunca teria sido vista pendurada na escada com o frasco de Windex na mão. Na verdade...

— Minha mãe nunca limpou a casa em quarenta anos — diz Alice. — Às vezes minha avó vinha e limpava. Ou era eu quem fazia, especialmente se algum amigo fosse nos visitar. Mas ela não se incomodava. Meu pai tinha nos deixado uma mobília antiga, e ela arruinou tudo. Os cachorros subiam nas mesas de mogno inglês. Era um desastre.

E havia também os namorados — definitivamente algo que Donna Reed não teria.

— Ela namorava. E, por muitos anos, morou com um de seus namorados, o que não acontecia naquela época. Mas ela não se importava com o que as pessoas pensavam.

Alice teve de cuidar de si mesma em uma casa que não tinha regras, em uma cidade que colocava sua família no banco dos réus. Não é difícil ver como uma criança precisaria escapar para reinos imaginários — reinos que, anos depois, se tornariam o talento artístico do adulto.

◆ ◆ ◆

O sucesso de Alice como escritora veio bem cedo; seu primeiro romance foi publicado em 1977. Mas estranhamente — e por razões que desconcertam Alice — ela e Sherry nunca discutiram seu trabalho.

— Eu não a incluí nessa parte da minha vida — admite Alice. — Mas naquela época acho que não incluía nem a mim mesma. Eu estava fugindo de minha própria vida por um momento. Mesmo assim minha mãe era minha musa de muitas formas. Ela me permitiu pensar com independência e me deu a sensação de que eu podia fazer o que quisesse. Foi um presente enorme. Quando contei que queria ser escritora, não foi nada como: "Mas você tem de se sustentar". Ela simplesmente disse: "Ah, que bom". Fico muito grata hoje de ela ser minha mãe.

Como costuma acontecer, quando Alice se tornou mãe — ela tem dois filhos —, isso a aproximou de Sherry.

— Quando se tem filhos, você comete tantos erros e se sente tão impotente que isso aproxima você de seus pais. Sentia-me um fracasso tão grande como mãe, e isso me fez ficar muito mais compreensiva em relação ao que minha mãe havia passado, especialmente ao assumir tudo sozinha.

Sherry não se casou novamente, mas Jerome, sim. "O triste é que, por causa desse casamento, minha mãe nunca conseguiu encontrar um parceiro à altura dela."

Quando Alice menciona o ressentimento passado em relação à mãe — "Gostaria de não ter ficado tão furiosa" —, ela diz isso com um peso na voz que sugere que pensa no assunto com frequência.

A lembrança da raiva é o que pune, especialmente se a raiva foi em relação aos pais. Muito depois de a emoção ter acabado, ainda sobra um resquício de angústia. Mas fica claro, quando se ouve as memórias de Alice, que a raiva nunca sobrepujou o amor e a admiração pelas vezes em que Sherry realmente brilhou como mãe.

— Minha mãe sempre se orgulhou de mim. Sempre que eu me metia em encrencas na escola, ela estava pronta para brigar até a morte: *contra* eles e *a meu* favor. No ensino médio eu era realmente má aluna. E havia uma lição na aula de matemática que tínhamos de entregar no final do período. Eu sabia que não era capaz de fazer, então uma garota da minha classe me deixou copiar a dela. Copiei exatamente, mas ela tirou A e eu tirei C. Fiquei tão brava que cheguei para o professor e disse: "Eu copiei isso e a outra pessoa tirou A". Ele ficou indignado, chamou minha mãe e acabamos na sala do diretor. E aí minha mãe disse: "Bem, por que ela tirou C se a outra pessoa tirou A?". Ela não conseguia deixar passar um julgamento injusto. Eles ficaram chocados com a reação dela. É claro, fui suspensa. Mas isso me ensinou muito: ela estava sempre do meu lado.

Com o passar dos anos, Alice se deu conta de que bem no início houve uma troca de papéis sutil na dança mãe e filha. Era ela quem queria uma casa organizada e bem arrumada, enquanto Sherry era quem nunca limpava o próprio quarto. Essa dinâmica as acompanhou ao longo dos anos, apesar de nunca terem conversado a respeito.

— Gostaria agora de ter vivido mais o momento, de ter sido mais capaz de aceitá-la como minha amiga em vez de tentar querê-la mais como minha mãe, porque ela não sabia ser assim.

◆ ◆ ◆

Quando Sherry começou a ter problemas sérios de saúde, não houve opção além de colocá-la em uma clínica onde tivesse a atenção constante de enfermeiras. Mas seu apetite pela vida e pela diversão não diminuíra com a saúde debilitada.

— Ela ouvia Howard Stern no rádio no último volume — diz Alice. — Ela se divertiu muito na vida.

Um dos desafios que enfrentou foi o câncer de mama, o que Alice também enfrentaria enquanto a mãe se recuperava da doença. Certa vez Sherry estava sendo conduzida de cadeira de rodas para a cirurgia naquele momento ela pareceu ter compreendido a troca de papéis que acontecera entre ela e Alice.

— Eles tinham lhe dado algum tipo de droga — diz Alice. — E eu estava parada ali com meu marido. A enfermeira disse: "Diga até logo para sua mãe", dirigindo-se a mim, é claro. Mas minha mãe disse: "Tchau, mãe". Pensei: "Bem, em resumo, é isso."

Sherry morreu no verão de 1999, poucos dias depois da morte de John F. Kennedy Jr. O mês foi terrivelmente quente, recorda Alice...

— Eu ainda estava fazendo o tratamento para câncer de mama, então não podia ver minha mãe com tanta frequência quanto gostaria, mas conversávamos várias vezes por dia. Ela falou muito sobre a queda do avião de John Kennedy Jr. e disse: "Por que eu ainda estou viva e ele está morto?". Ela ficou meio obcecada com isso. Também me disse, o que me deixou muito grata, que não tinha medo da morte.

Então é possível que ela estivesse esperando a morte?

— Não, ela estava esperando para ir ao cinema. Ela e o neto tinham planos de ver *De olhos bem fechados* naquele dia. Acho que seu corpo a decepcionou.

Alice chegou à casa — sua residência de verão em Cape Cod, onde ela estava quando conversamos — e encontrou uma mensagem de voz de seu irmão dizendo que a mãe tinha falecido. Em momentos como esse, o ambiente se torna cúmplice; os quartos, as paredes, os tapetes do lugar de repente se tornam saturados de mágoas e lembranças e perda. Nunca mais voltam a ser apenas coisas na casa.

— Para mim, é muito difícil estar aqui agora — ela me conta — e não pensar nela.

◆ ◆ ◆

Alice sabe que uma das coisas mais importantes que Sherry deixou para ela foi "o sentimento de que eu podia fazer o que quisesse e ser quem quisesse". Não se pode ter uma base mais forte do que essa, algo que se torna mais claro à medida que o tempo passa. Sherry também deixou para a filha a apreciação pela arte de se divertir. "Ela realmente se divertia muito. Gostaria de ser mais como ela."

Mas... "Meu grande arrependimento é não ter passado mais tempo do jeito dela."

Como sua musa, pode ser que Sherry esteja sempre passando tempo com a filha, sussurrando em seu ouvido, soprando as histórias enquanto Alice as escreve. Contar histórias é algo misterioso. É algo tecido com experiências, sonhos, imaginação, com a observação de outras vidas e o atravessar de sua própria. É também tecido de esperança — a esperança que outros o sigam pelo portão do jardim para outro mundo.

Um dos livros de Alice para jovens adultos é *Green angel* — um livro de espessura fina, mágico, no qual uma história pós-apocalíptica é contada por uma garota de quinze anos, chamada Green, que perdeu toda a família em um desastre. O livro termina com estas frases:

"Encontrei um maço de papel branco na gaveta da escrivaninha. Então entendi o caminho sobre o qual minha mãe me falara. Cada página em branco parecia um jardim, onde qualquer coisa poderia crescer.

Sentei-me à mesa com a caneta e a tinta. Espalhei as páginas limpas, brancas.

Naquele exato momento, comecei a contar a história deles."

Kathy Smith

É uma líder no setor de saúde e bem-estar desde 1980, com mais de 16 milhões de vídeos de ginástica vendidos em todo o mundo. Ela escreveu vários livros de sucesso, incluindo *Feed muscle shrink fat*. Seus projetos recentes incluem uma série de aulas de *fitness* no programa *Health corner* com Leeza Gibbons, no canal Lifetime, e uma programa de nutrição e exercícios para pessoas com diabetes tipo 2.

Capítulo 24

Kathy Smith usa um anel de diamante que já foi de sua mãe. Foi a única coisa resgatada do terrível acidente de avião no qual ela morreu. Anos atrás, o diamante começou a ficar frouxo nas garras e Kathy colocou o anel no porta-joias, planejando mandar consertá-lo, mas não deu muita importância ao assunto. Quando uma amiga a encorajou a ir a um médium muito conhecido, ela foi, mesmo sem saber se acreditava muito nessas coisas.

— Sua mãe está aqui conosco — disse o médium. — Ela quer que você comece a usar novamente o anel dela. É a conexão entre vocês.

Kathy mandou o anel para o conserto e hoje não o tira mais.

Diamantes vêm das profundezas da terra, são expelidos de vulcões, em erupções sob temperaturas extraordinárias. Sobrevivem às chamas. Assim como os corações, mas leva um tempo para se perceber isso.

◆ ◆ ◆

Lorraine Gautsch nasceu em La Crosse, Wisconsin, em 1928, de pais alemães. Ela conheceu Carl Stefferud quando tinha dezesseis, e ele dezessete. Dois anos depois se casaram. Ele se tornou militar, piloto da Força Aérea, e Lorraine se tornou esposa de um oficial. Teve sua primeira filha, Sharon, em 1949; três anos depois, Kathy nasceu.

— Eu era uma *"military brat"** — diz Kathy, rindo do termo hoje familiar. — Meu pai ficou alocado no mundo inteiro. Estivemos em São Paulo, no Brasil, em Mobile, no Alabama, fomos para o Texas, Havaí, Illinois. Fui criada em uma casa muito disciplinada: fomos treinados para atender ao telefone dizendo: "Residência dos Stefferud". Nossa vida era ir ao Office's Club e vestir a roupa adequada para isso.

— Morávamos em bases militares na maior parte do tempo, mas nas viagens às vezes morávamos fora da base em pequenas casas. Você realmente se acostuma a ver o pai sair para trabalhar de uniforme todo dia. A vida de minha mãe como esposa de militar se resumia a protocolo, recepções, conformidade. A casa de todo mundo se parecia, e os uniformes também, exceto pelo número de patentes que cada oficial usava.

Durante a infância e adolescência, Kathy nunca passou mais de três anos no mesmo lugar. Intuitivamente, crianças que crescem assim aprendem a proteger os sentimentos evitando se apegar a alguém — sabem que outro adeus, outra mudança, pode acontecer a qualquer momento. Os laços que se formam são mantidos frouxos, fáceis de desatar. É

---

* A tradução literal é "pestinha militar", referindo-se às crianças cujos pais passaram toda a infância delas nas forças armadas. (N. da T.)

muito custoso emocionalmente criar laços fortes entre você e as pessoas que vai ter de deixar. É algo que Kathy sabe, pois acompanhou-a por toda a vida.

— Não sei exatamente a que tribo pertenço — diz. — Fiz parte de diferentes círculos de amigos em diferentes momentos. Mas nunca tive certeza de qual é minha tribo.

Crianças são resilientes. Mesmo com um tipo de vida em que evitar raízes é um exercício temporário, elas vão extrair coisas que pareçam confiáveis. Lorraine trabalhou duro para criar um ambiente familiar estruturado e confiável para as filhas.

— O que eu mais amava em minha mãe — diz Kathy — é que havia uma rotina. Quando se vive em uma base, você faz compras em supermercados e lojas específicas para militares e compra tudo com desconto, porque está comprando na base. Ela nos levava com ela e usávamos nossos melhores vestidinhos, minha irmã e eu sempre combinando. Tínhamos sempre o cabelo encaracolado porque garotinhas não deviam usar cabelos lisos. Na Páscoa usávamos gorrinhos. Jantávamos sempre às 17h30, quando papai chegava em casa. Minha tarefa era ajudar a mamãe a arrumar a salada; a tarefa de Sharon era ajudar em outra parte da refeição. Minha mãe era muito tradicional e havia uma sensação real de ordem e segurança nisso.

◆ ◆ ◆

Mas sob a superfície as coisas eram menos estruturadas. Uma das rotinas diárias da vida em bases militares é a hora do coquetel — coisa bastante inocente se uma quantidade moderada de álcool é consumida. Mas a dose consumida por Lorraine, como as filhas perceberam, não era exatamente moderada.

— Era muito comum que meus pais tomassem um Manhattan ou um Martíni às 17h, 17h30. Todo mundo tomava. Ninguém pensava muito nisso, era simplesmente o que todos faziam. Mas quando entrei no ensino médio, comecei a notar algo diferente em minha mãe: às segundas-feiras havia um pouco de bebida, mas ela ainda era uma mãe maravilhosa; às terças ainda estava tudo bem; às quartas ela bebia mais. O ciclo se fechava ao longo da semana, até que ela começava a ficar ofensiva com meu pai, e no final da semana havia alguma briga explosiva. Sharon e eu íamos para nossos quartos e ouvíamos os dois brigarem à noite. Era horrível.

Mesmo que naquela época não se reconhecesse ou se discutisse o alcoolismo como hoje, é possível que Carl pudesse ter conseguido ajuda para Lorraine. Mas ele não teve essa chance.

Nos últimos dois anos do ensino médio de Kathy, a família estava estabelecida em Belleville, Illinois. Três dias antes de sua graduação, Carl teve um infarto e morreu.

— Ele estava no escritório, em pé, escrevendo um relatório, e como tinha um ótimo senso de humor, todos pensaram que ele estivesse brincando na hora em que caiu. Quando se deram conta de que não estava, levaram-no correndo para o pronto socorro. Havia tido um infarto fulminante.

Carl estava com 42 anos e Lorraine aos 41 anos, repentina e inesperadamente, tornou-se viúva.

Qualquer um nessa situação correria para os braços reconfortantes de uma amiga. Infelizmente para Lorraine, essa amiga era a bebida.

— A bebedeira não a deixava incapacitada — recorda-se Kathy. — Mas me lembro de chegar em casa certas noites e encontrá-la sentada na cadeira de balanço de madeira que tínhamos na época, na semi-escuridão da sala. Ela ouvia os discos de Tom Jones, que ela adorava. Então ela ficava ali, com *What's new pussycat?* tocando no aparelho de som, e balançava para frente e para trás com um drinque na mão naquela sala escura. Havia uma certa aura de tristeza ao seu redor. Era uma visão de dar pena. Aquilo de fato me mostrou que haveria a partir dali uma inversão de papéis no relacionamento entre nós duas.

Kathy ficou em casa com Lorraine por um tempo, preferindo ir à faculdade em Illinois. Era a única filha em casa, pois Sharon fora para a faculdade no Havaí. Mas depois de cerca de um ano Kathy também decidiu ir para o Havaí, com um grupo de amigas. Elas planejavam atravessar o país de carro até a Califórnia, colocar os carros em um barco e voar por cima deles. Dizer adeus para a mãe no dia em que Kathy saiu é uma lembrança que ainda a leva às lágrimas...

— Tenho essa imagem vívida de estar ali abraçando minha mãe e ambas chorando tão forte, agarrando-nos com tanta força. De um lado, estava contente de escapar dali por causa da situação, mas sentia tanta pena dela, me sentia tão sozinha. Estava perdendo uma parte de mim... Estava perdendo essa parte boa de mim quando parti.

Sozinha, Lorraine decidiu voltar a Wisconsin e lá conheceu David Brown, que pilotara aviões particulares. Eles não se conheceram muito bem antes de se casarem. Kathy e Sharon voaram do Havaí para Wisconsin para o casamento, o que Kathy admite ter sido um pouco estranho. Mas ela diz: "Estávamos felizes por ela".

Alguns meses depois, em um dia de inverno, Lorraine e David estavam voltando de Illinois para Wisconsin em um de seus aviões. Esse avião específico tinha flutuadores para pousar na água. Com a temperatura abaixo de zero, ele deveria ter retirado os flutuadores, mas não o fez. Os flutuadores, então, ficaram congelados, o avião caiu em uma lavoura, capotou e explodiu em chamas.

— Minha tia me ligou, eu estava no Havaí. Lembro-me de ter gritado ao telefone: "Por que isso está acontecendo conosco?!". Só fazia dois anos que meu pai tinha morrido. Então corri para fora e sentei na calçada chorando histericamente. Lembro-me de pensar: "Por que planejar o futuro se ele pode terminar assim, tão de repente?".

Era 1971. Kathy estava com dezenove anos. Os Estados Unidos continuavam em guerra em muitos *fronts* — a Guerra do Vietnã, a revolução sexual, a liberação feminina, as drogas. As pessoas da idade de Kathy estavam fugindo dos pais para começar vidas cheias de aventura. E ela estava ali, sentada no meio-fio, chorando, acabando de se tornar órfã, sentindo-se completamente só.

— Coisas assim realmente são transformadoras — diz. — E de muitas maneiras isso moldou meu sucesso. Porque você tem duas opções: ou fica por baixo ou dá um jeito de ter sucesso.

◆ ◆ ◆

A vida é estranha na maneira como nos coloca no caminho o que temos de seguir. Deprimida pela tristeza, estilhaçada pela ansiedade, Kathy começou a acompanhar seu namorado de então, um jogador de futebol, em suas corridas diárias.

— Comecei correndo apenas quinhentos metros por dia, daí um quilômetro, depois um e meio. Quando voltava das corridas me sentia muito melhor. A depressão, a tristeza, a confusão tinham cedido. Foi quando comecei a fazer uma conexão entre exercício e emoções. Saí de um estado de apatia para o sentimento de que as coisas caminhariam e dariam certo.

— Quando comecei a correr, foi exatamente no momento em que Ken Cooper havia cunhado o termo *aeróbico*, que significa "com oxigênio". E ele estava demonstrando como seus pacientes cardíacos podiam se beneficiar da corrida. Naquela época, se você fosse cardíaco, não podia fazer sexo, subir escadas, fazer esforço. E havia um médico no Havaí que encontrava um grupo de 56 pacientes cardíacos em um parque — seu objetivo era prepará-los para correr uma maratona. Então eu ia e ouvia suas palestras e participava dos treinamentos. Corri minha primeira maratona em 1975.

Enquanto os outros corredores curavam seus corações doentes, Kathy curava um coração afogado em tristeza.

— Esse foi o início da minha compreensão de que o que se coloca no corpo, como se movimenta o corpo, afeta sua mente. Isso me tirou da apatia e da depressão. Foi o que salvou minha vida.

◆ ◆ ◆

Kathy descobriu sua carreira, seu caminho na vida, por meio da disciplina e da força. Força é algo que hoje ela percebe que Lorraine possuía naqueles anos de mudanças constantes, de viver em bases militares e ser esposa de oficial.

— Minha mãe era quem tinha de cuidar de tudo — diz Kathy. — Meu pai saía para suas aventuras divertidas, decolava de avião. Havia algo romântico nisso. Mas ela precisava de cuidar da casa, arrumar a mudança a cada tantos anos. A falta de raízes a afetou, também: ela não tinha um ambiente familiar estável. Ela estava sempre se preparando para mudanças. E, também, sendo mulher de militar, tinha de se apresentar adequadamente. Isso é muito importante naquele mundo.

Kathy hoje é mãe de duas meninas. "Quando tive minhas filhas, que hoje têm dezenove e dezessete anos, realmente comecei a apreciar minha mãe e a sentir sua falta.

Queria que ela estivesse por perto. Especialmente quando minhas filhas eram pequenas, com um e dois anos, desejava poder ligar para ela e fazer perguntas."

◆ ◆ ◆

Das chamas que envolveram o pequeno avião em um dia gelado de inverno e levaram duas vidas — chamas que não deixaram praticamente nada intacto ou reconhecível —, um diamante foi recuperado. Mais forte do que as chamas, é usado por outra sobrevivente que teve de procurar por um tempo até encontrar sua força. Ela a encontrou na corrida. Encontrou no mistério e nas perguntas sobre por que tinha sido deixada sozinha tão jovem, pois perambular pelas perguntas dava a sensação de que *não estava* sozinha. Confiou naquela sensação e continuou seguindo em frente. É o que os corredores fazem — procuram estradas, trilhas, atalhos... e, se encontram, seguem por eles.

Agradecimentos

Obrigada a todas as mulheres que tão generosamente cederam seu tempo e confiaram a mim suas histórias. Obrigada também a Jill Kramer, Christy Salinas, Alex Freemon e a todos da Hay House; e a Jim Nagle, por escrever a introdução deste livro.

A VIDA QUE VIVEMOS foi impresso em São Paulo/SP
pela RR Donnelley, para a Larousse do Brasil em julho de 2009.